中国社会科学院国情调研特大项目"精准扶贫精准脱贫百村调研"

精准扶贫精准脱贫百村调研丛书

CASE STUDIES OF TARGETED POVERTY REDUCTION AND
ALLEVIATION IN 100 VILLAGES

李培林／主编

精准扶贫精准脱贫
百村调研·大仓村卷

凝心聚力决胜脱贫攻坚战

王昌海　刘德钦 ／著

社会科学文献出版社
SOCIAL SCIENCES ACADEMIC PRESS (CHINA)

中国社会科学院国情调研特大项目
"精准扶贫精准脱贫百村调研"
项目协调办公室

主　任：王子豪

成　员：檀学文　刁鹏飞　闫　珺　田　甜　曲海燕

总　序

　　调查研究是党的优良传统和作风。在党中央领导下，中国社会科学院一贯秉持理论联系实际的学风，并具有开展国情调研的深厚传统。1988 年，中国社会科学院与全国社会科学界一起开展了百县市经济社会调查，并被列为"七五"和"八五"国家哲学社会科学重点课题，出版了《中国国情丛书——百县市经济社会调查》。1998 年，国情调研视野从中观走向微观，由国家社科基金批准百村经济社会调查"九五"重点项目，出版了《中国国情丛书——百村经济社会调查》。2006 年，中国社会科学院全面启动国情调研工作，先后组织实施了 1000 余项国情调研项目，与地方合作设立院级国情调研基地 12 个、所级国情调研基地 59 个。国情调研很好地践行了理论联系实际、实践是检验真理的唯一标准的马克思主义认识论和学风，为发挥中国社会科学院思想库和智囊团作用做出了重要贡献。

　　党的十八大以来，在全面建成小康社会目标指引下，中央提出了到 2020 年实现我国现行标准下农村贫困人口脱贫、贫困县全部"摘帽"、解决区域性整体贫困的脱贫攻坚目标。中国的减贫成就举世瞩目，如此宏大的脱贫目标世所罕见。到2020年实现全面精准脱贫是党的十九大提出的三大攻坚战之一，是重大的社会目标和政治任务，中国的贫困地区在此期间也将发生翻天覆地的变化，而变化的过程注定不会一帆风顺或云淡风轻。记录这个伟大的过程，总结解决这个世界性难题的经验，为完成这个攻坚战献计献策，是社会科学工作者应有的责任担当。

2016年，中国社会科学院根据中央做出的"打赢脱贫攻坚战"战略部署，决定设立"精准扶贫精准脱贫百村调研"国情调研特大项目，集中优势人力、物力，以精准扶贫为主题，集中两年时间，开展贫困村百村调研。"精准扶贫精准脱贫百村调研"是中国社会科学院国情调研重大工程，有统一的样本村选择标准和广泛的地域分布，有明确的调研目标和统一的调研进度安排。调研的104个样本村，西部、中部和东部地区的比例分别为57%、27%和16%，对民族地区、边境地区、片区、深度贫困地区都有专门的考虑，有望对全国贫困村有基本的代表性，对当前中国农村贫困状况和减贫、发展状况有一个横断面式的全景展示。

在以习近平同志为核心的党中央坚强领导下，党的十八大以来的中国特色社会主义实践引导中国进入中国特色社会主义新时代，我国经济社会格局正在发生深刻变化，脱贫攻坚行动顺利推进，每年实现贫困人口脱贫1000多万人，贫困人口从2012年的9899万人减少到2017年的3046万人，在较短时间内实现了贫困村面貌的巨大改观。中国社会科学院组建了一百支调研团队，动员了不少于 500 名科研人员的调研队伍，付出了不少于 3000 个工作日，用脚步、笔尖和镜头记录了百余个贫困村在近年来发生的巨大变化。

根据规划，每个贫困村子课题组不仅要为总课题组提供数据，还要撰写和出版村庄调研报告，这就是呈现在读者面前的"精准扶贫精准脱贫百村调研丛书"。为了达到了解国情的基本目的，总课题组拟定了调研提纲和问卷，要求各村调研都要执行基本的"规定动作"和因村而异的"自选动作"，了解和写出每个村的特色，写出脱贫路上的风采以及荆棘！对每部报告我们都组织了专家评审，由作者根据修改意见进行修改，直到达到出版要求。我们希望，这套丛书的出版能为脱贫攻坚大业写下浓重的一笔。

中共十九大的胜利召开，确立习近平新时代中国特色社会主义思想作为各项工作的指导思想，宣告中国特色社会主义进入新时代，中央做出了社会主要矛盾转化的重大判断。从现在起到 2020 年，既是全面建成小康社会的决胜期，也是迈向第二个百年奋斗目标的历史交会期。在此期间，国家强调坚决打好防范化解重大风险、精准脱贫、污染防治三大攻坚战。2018 年春节前夕，习近平总书记到深度贫困的四川凉山地区考察，就打好精准脱贫攻坚战提出八条要求，并通过脱贫攻坚三年行动计划加以推进。与此同时，为应对我国乡村发展不平衡不充分尤其突出的问题，国家适时启动了乡村振兴战略，要求到 2020 年乡村振兴取得重要进展，做好实施乡村振兴战略与打好精准脱贫攻坚战的有机衔接。通过调研，我们也发现，很多地方已经在实际工作中将脱贫攻坚与美丽乡村建设、城乡发展一体化结合在一起开展。可以预见，贫困地区的脱贫攻坚将不再只局限于贫困户脱贫，我们有充分的信心从贫困村发展看到乡村振兴的曙光和未来。

是为序！

李培林

全国人民代表大会社会建设委员会副主任委员

中国社会科学院副院长、学部委员

2018 年 10 月

前　言

　　本调研报告是 2016 年中国社会科学院国情调研特大项目（全国精准扶贫精准脱贫百村调研）子课题的研究成果。

　　众所周知，2013 年，习近平总书记在湖南湘西十八洞村考察时首次提出了精准扶贫的重要理论。党的十八大以来，以习近平同志为核心的党中央把扶贫开发作为全面建成小康社会的最艰巨任务和最突出短板，已经摆到治国理政的重要位置，对脱贫攻坚做出了全面部署，明确要求"到 2020 年我国现行标准下农村贫困人口实现脱贫、贫困县全部摘帽、解决区域性整体贫困，如期实现全面建成小康社会"。今后扶贫发展的路径会按照党中央、国务院统一部署，进一步完善现有扶贫机制和建立扶贫长效机制，在巩固现有精准扶贫成效的基础上，继续发挥我国制度优势，为世界贫困地区减贫做积极贡献。

　　按照 2011 年的扶贫标准（农村居民家庭人均纯收入 2300 元 / 年），截至 2013 年底，我国仍有 8200 多万贫困人口。以我国现行扶贫标准，2012~2016 年我国在不利的宏观经济环境下实现了贫困人口的较大规模持续减少，4

年间全国农村贫困人口减少了 5564 万人，每年减少 1391 万人。此外，我国贫困人口脱贫率不断提升：2013~2016 年，全国脱贫率为 56.12%，分年度为 16.7%、14.9%、20.6% 和 22.2%。此外，贫困地区的基本公共服务得到明显改善，特别是 2016 年，我国首次实现了贫困县退出零的突破。总体来看，我国实施精准扶贫精准脱贫国家战略以来，全党、全社会共同参与扶贫工作，为实现 2020 年全国人民一同迈进小康社会而努力。

2017 年，习近平同志在中共中央政治局第三十九次集体学习时强调要"更好推进精准扶贫精准脱贫，确保如期实现脱贫攻坚目标"。虽然我国整体的脱贫攻坚战取得了决定性的进展，但仍面临着防止脱贫后返贫、深度贫困区按期脱贫等艰巨任务。因此，评估我国精准扶贫精准脱贫的成效，总结在扶贫过程中遇到的问题，找出有针对性的对策，是我国未来脱贫攻坚战需要重点研究的课题。

中国社会科学院是党中央、国务院重要的"思想库"和"智囊团"。深入实际，开展国情调研是其肩负的重要科研任务。国情调研项目是中国社会科学院最接地气、最具特色的"品牌"，得到了历届院党组的高度重视，其产出成果多次得到党和国家领导人的批示，部分成果直接纳入国家发展战略中。2015 年 11 月，中国社会科学院国情调研领导小组办公室启动特大项目"全国精准扶贫精准脱贫百村调研"，正式立项子课题"云南省祥云县精准扶贫机制研究：以大仓村为例"。

祥云县素有"云南之源、彩云之乡"的美誉，全县土地面积 2425 平方公里，设 8 镇 2 乡 139 个村（居）委会 1191 个村（居）民小组，居住有汉、白、彝、苗、回、傈僳等多个世居民族，2015 年末总人口达 47 万，其中贫困户 12320 户、贫困人口 33445 人。祥云县作为省级贫困县，2017 年 9 月 30 日，经过全县干部和广大群众的共同努力，正式退出贫困县行列，已经初步形成精准脱贫后贫困户可持续发展的良好局面。大仓村是下庄镇的两个贫困村之一，2015 年以来，全村共投入各类扶贫资金近 1 亿元，实施了 2000 多亩的土地整理及水利配套设施项目；进行了环村公路、幼儿园、综合广场等基础设施建设，开展劳动力转移和种植培训，特别是按国家政策，大力实施易地搬迁扶贫。2016 年栽种 1200 亩冬桃、300 亩红梨，套种辣椒 1500 亩，增收 700 万元。因此，本课题选择祥云县大仓村作为重要的研究对象。本项调研课题有重要的现实意义，最终调研成果能够直接为国家制定科学的帮扶机制，特别是祥云县未来扶贫工作提供科学依据。

课题立项后，课题组开展了多轮次的小型讨论会，得到了中国社会科学院农村发展研究所、中国社会科学院数量与技术经济研究所、中国林业科学研究院、中国人民大学、北京师范大学、西南林业大学等科研院所及高校学者们的宝贵意见。

课题调研期间，得到了祥云县委县政府、扶贫办以及大仓村村委会的大力支持；农户问卷调查过程中，西南林业大学经管学院的同学们参与了农户访谈工作。本课题作为中国社会科学院国情调研特大项目的子课题，课题组先后两次赴祥云县政府及大仓村深入调研，通过座谈会以及问卷调查的方式，获取了较为翔实的资料及数据，全体成员辛苦付出形成的最终调研报告，一定能为祥云县精准扶贫精准脱贫工作提供有益帮助。

本调研报告即将出版之际，感谢中国社会科学院科研局、社会科学文献出版社给予的大力支持；向匿名审稿人及本书编辑提出的中肯修改意见表示敬意。

目　录

第一章

绪　论

第一节　研究背景及意义

一　研究背景

新中国成立以来,在经历了救济扶贫阶段(1949~1977 年)、体制改革推动扶贫阶段(1978~1985 年)、大规模开发式扶贫阶段(1986~1993 年)、八七扶贫攻坚阶段(1994~2000 年)和脱贫致富阶段(2001 年至今)中的"2001~2010 年扶贫阶段"后,我国扶贫开发工作取得了骄人的成绩,我国已经走出了一条具有中国特色的扶贫道路。特别是 1986 年扶贫攻坚以来,经过 30 多年艰苦努力,我国扶贫攻坚工作取得了举世瞩目的成就,扶贫开发工作不仅大规模、大幅度、高速度地改善了广大农村贫困人口的生活状况，而且为全球减贫事业做出了巨大贡献。到中共十八大召开时的 2012 年，我国农村贫困发生率下降到 10.2%，农村贫困人口从 7.7 亿人减少到 9899 万人，共减少农村贫困人口 6.6 亿人，在全世界的减贫事业中贡献了超过 70% 的力量。

尽管我国扶贫事业取得了巨大的成就，但截至 2012 年底，我国仍有近 1 亿农村贫困人口，相当于同期世界贫困人口总数的 11.2%，分布在 14 个集中连片特殊贫困区和其他地区。同时随着减贫、治贫力度进一步加大，当前我国农村贫困人口呈现局部集中、总体分散的新特征，并逐步呈现"老、妇、少、残、边、穷"的贫困分布格局。时任国务院扶贫办党组书记刘永富接受中经在线访谈时说："经过多年的减贫工作，现在剩下的都是'硬骨头'。"

以习近平同志为总书记的新一届领导集体十分关注扶贫攻坚问题。十八大结束后不久，2012 年 12 月，习近平总书记就前往"环京津贫困带"上的河北省阜平县考察贫困问题，提出"脱贫致富要有针对性，要一家一户摸情况，张家长、李家短都要做到心中有数"，这是精准扶贫理论的萌芽。2013 年 11 月，习近平总书记来到湖南湘西考察时做出了"实事求是，因地制宜，分类指导，精准扶贫"的重要指示，首次正式提出了"精准扶贫"的重要理论。2014 年初，中央制定了精准扶贫战略，《关于创新机制扎实推进农村扶贫开发工作的意见》的出台奠定了精准扶贫作为新时期中国农村扶贫开发战略思想的地位。2015年6月，习近平总书记在贵州召开部分省（区、市）扶贫攻坚与"十三五"时期经济社会发展座谈会，在会上提出了"六个精准""五个一批""三位一体"和落实领导责任制等一系列重要观点。2015年11月，中央扶贫开发工作会的召开，标志着扶贫工作从"大水漫灌""撒胡椒面"的粗放式扶贫向精准扶贫转变。2016年11月，国务院印发《全国"十三五"脱贫攻坚规划的通知》（国发〔2016〕64号）。《通知》强调：要建立健全产业到户到人的精准扶持机制，让贫困户分享产业发展红利；要加强贫困地区基础设施建设，推进百万公里农村公路扶贫等工程；要有序实施易地扶贫搬迁安置，确保搬迁户就业有渠道、收入有提高；要做好贫困地区养老、医疗、教育等基本民生保障，解决好贫困家庭因病致贫返贫问题；要加大财政、投资、金融、土地等政策扶持力度，形成推动脱贫奔小康的合力。2017年3月，全国"两会"期间，习近平总书记发表重要讲话，提出脱贫攻坚全过程都要精准，有的需要下一番"绣花功夫"，要进一步创新和落实精准扶贫。自此，精准扶贫理论形成了一个基本完整的体系，一场轰轰烈烈的精准扶贫战役如火如荼地展开。

在精准扶贫提出的四年时间内，《中国扶贫开发报告（2017）》中国贫困人口由2012年底的9899万人锐减到2016年底的4335万人，共减贫5564万人，平均每年减贫1391万人；全国农村贫困人口占比由2012年底的10.2%下降至2016年底的4.5%，下降5.7个百分点。[1] 如此庞大的减贫人口是党和政府领导能力和脱贫攻坚决心的集中体现。消除贫困，满足人民群众对美好生活的向往，是社会主义的本质要求，也是中国共产党人肩负的重要使命。党的十八大以来，以习近平同志为核心的党中央高度重视脱贫攻坚工作，把贫困人口脱贫作为全面建成小康社会的底线任务和标志性指标，在全国范围全面打响了脱贫攻坚战，其力度之大、规模之广、影响之深，前所未有。中国特色的反贫困实践，已经形成了现代贫困治理的中国经验，为全球减贫事业的推进提供了很好的范例，也具有重要的理论意义。我国扶贫治理体系不断创新完善，贫困治理能力逐步提高，精准扶贫、精准脱贫、脱贫攻坚和以"绣花"功夫抓扶贫取得了伟大的成就。

但是，当前我国仍有4000多万贫困人口，尤其是在边远地区，其中云南省是我国当前扶贫攻坚的重点难点地区、中国脱贫攻坚的主战场，全省贫困人口总数高居全国第二位，贫困县数量居全国首位。同时，当前云南省农村脱贫面临巨大挑战，主要表现为：一是农村贫困人口的数量依然庞大，截至2015年底，云南省共有农村贫困人口471万，集中分布在88个贫困县、4277个贫困村，贫困发生率为12.71%。二是云南省的深度贫困问题依旧突出，由于云南省特殊的地形地貌特点和历史遗留问题，全省尚有60多万贫困人口基本丧失生存条件。三是集中连

---

① 李培林、魏后凯、吴国宝：《中国扶贫开发报告（2017）》，社会科学文献出版社，2017。

片困难地区的贫困问题比较严重，云南省共有三个集中连片困难区，这三个片区农村贫困人口占全省农村贫困人口总数的84.7%。四是边境民族贫困问题十分突出，云南省的边境问题和民族问题比较敏感，而边境民族贫困问题是最突出的问题，当前云南省边境民族贫困人口达到112万，另外云南省少数民族地区还存在"直过区"，据不完全统计，该片区尚有贫困人口138万。五是当前云南省城乡差距、区域差距、收入差距、贫富差距继续呈扩大趋势。

二　研究意义

面对如此庞大、贫困程度不同的贫困人口，以及云南省特殊的贫困现状，国家及云南省委、省政府将如何制定下一步精准扶贫政策；如何推进精准帮扶以实现精准脱贫；如何巩固脱贫效果，避免再次返贫；如何进行扶贫绩效评价？在当前已脱贫人口中，他们的生存、生活状况有没有得到真实的改善，改善程度如何，脱贫户对精准扶贫政策的主观满意度如何？这些都是学术界亟须研究、厘清的课题。同时，为了更好地发挥中国社会科学院作为党和国家的思想库、智囊团的重要作用，加强对重大问题开展国情调研工作的能力，根据《关于加强和改进国情调研工作的意见》规定，2016年中国社会科学院组织实施"全国精准扶贫精准脱贫百村调研"（以下简称"扶贫百村调研"）特大项目。项目对全国范围内具有代表性和典型性的 100 个贫困村开展国情调研，包括一定比例的 2010 年以来已经脱贫的村庄。主要调研的内容包括村庄基本状况、贫困村状况及其演变、贫困的成因、减贫历程和成效、脱贫和发展思路、建议等，以及结合村庄特点的专题性研究。

从国家层面来看，开展"扶贫百村调研"特大项目是为了及时了解和展示当前处于脱贫攻坚最前沿的贫困村的贫困状况、脱贫动态和社会经济发展趋势，真实全面地掌握我国农村贫困地区贫困人口的贫困信息及处境，并从村庄脱贫实践中总结当前精准扶贫和精准脱贫的经验与教训，为进一步推动我国精准扶贫事业发展提供思路和政策借鉴，为实现到 2020 年我国全面消除贫困、建成小康社会的目标贡献力量。从省级层面看，由于自然地理环境、社会经济发展状况、传统文化、历史遗留问题及思想观念的差异明显，各地区贫困人口在分布、结构、程度及致贫原因等方面也存在较大差异。因此，在具体治贫施策过程中各省份都享有一定的自主权，实施的治贫脱贫政策、帮扶措施和扶贫效果也不趋统一。本次"扶贫百村调研"将贫困村调查覆盖全国，针对不同省份、不同片区遴选被调研贫困村；不同省份由不同专业调研组负责，全面调查该地区贫困的基本状况、贫困省份状况及其演变、贫困的成因、减贫历程和成效，并提出脱贫和发展思路、建议等。从这些调研结果中认清各省份贫困及扶贫现状，为下一步实施更加精准的扶贫政策、更加精准的帮扶措施、更加精准的脱贫规划做准备，真正使各贫困地区的贫困人口在 2020 年实现稳步脱贫、全面进入小康社会。同时，本次调研将充分发挥中国社会科学院的专业学术科研优势，通过对各省份针对本地区特点所实施的具体帮扶措施、治贫方法进行总结概括，整理出具有可复制性的治贫经验和帮扶模式，以文字的形式整理成报告，并逐渐向全国推广。

第二节　精准扶贫内涵、相关理论与国内经验

一　内涵

顾名思义，精准扶贫是针对不同贫困区域环境、不同贫困农户状况，运用科学有效的程序对扶贫对象实施精准识别、精准帮扶、精准管理的治贫方式。同时，部分专家学者也将精准考核纳入精准扶贫中，进一步丰富了精准扶贫的内涵。精准考核的重点工程是扶贫效果的精准评估，精准评估扶贫效果可以检验不同层级扶贫部门的工作成效，落实扶贫工作责任制。[①]另外，界定精准扶贫内涵还应充分考虑扶贫对象、致贫因素、帮扶对策与脱贫成效的精准化等方面；运用专项扶贫政策措施，构建社会、市场、政府

[①] 郭俊华、赵培：《西北地区易地移民搬迁扶贫——既有成效、现实难点与路径选择》，《西北农林科技大学学报》(社会科学版) 2019 年第 4 期。

"三位一体"的大扶贫格局，动员全社会资源，做到"真扶贫、扶真贫"，切实有效地增加贫困人口收入，减少贫困人口数量。

与此同时，部分学者认为精准扶贫不仅是一种战术方法，更是一种战略选择与原则理念。[①] 从战略的高度出发，精准扶贫应被视为完成党和国家到2020年全面消除贫困、全面建成小康社会的中国梦的宏伟愿望；[②] 从原则理念出发，将精准扶贫视为党和国家为人民服务的执政理念。同时，精准扶贫的内涵还应从生态扶贫角度进行解读，就贫困现状来看，贫困主体大多生活在生态环境恶化的地区。精准扶贫的意义不仅在于对个体的识别和帮扶，更应该注重生态这个要素，在生态平衡的前提下实施脱贫攻坚。[③] 随着互联网、大数据和云计算等科学技术融入社会发展，在精准扶贫内涵中还应加入大数据的思维，精准扶贫的核心在于精准度，只有将现代科学技术真正融入贫困户的识别界定中，实现瞄准对象的精准化与治贫对策成效的精准化，才能真正丰富精准扶贫的内涵。

① 王振振、王立剑：《精准扶贫可以提升农村贫困户可持续生计吗？——基于陕西省70个县（区）的调查》，《农业经济问题》2019年第2期。
② 胡继亮、张天祐、辛晓晨、肖庆兰：《收入识别与长期多维贫困：基于中国家庭追踪调查数据的实证分析》，《经济问题》2019年第8期。
③ 吕建兴、曾小溪、汪三贵：《扶持政策、社会融入与易地扶贫搬迁户的返迁意愿——基于5省10县530户易地扶贫搬迁的证据》，《南京农业大学学报》（社会科学版）2019年第8期。

二　相关理论

（一）贫困理论

对贫困的理解，学术界已有了丰富的研究成果，目前已经形成了完整的贫困理论体系。早在 1899 年，朗特里就首次提出了贫困的概念，"强调家庭总收入不能有效维持基本生活需求，即表示贫困"。此后许多专家也从物质的角度对贫困进行了进一步的界定，但是随着经济的发展，学者重新思考贫困问题，发现以往的贫困定义已经不足以适应当前的发展情况。因此更多学者从个人、家庭乃至群体因资源不足而被社会排斥等方面对贫困进行了重新的界定。[①] 欧共体委员会（EEC）认为"贫困应该被理解为个人、家庭和人的群体的资源（物质的、文化的和社会的）如此有限，以致他们被排除在他们的成员国可以接受的最低限度生活方式之外"。再后来，学者将贫困理论扩展至权利和人力资本的高度，[②] 舒尔茨认为，贫困是特定社会中的一个复杂的社会经济状态，现在仍然存在的绝大部分贫困是经济不平等之结果；并且认为人力资本是提高农业收入、减少农村贫困的主要因素。至此，对于贫困的研究逐渐开始向人本身转变。

① 张全红、周强：《中国贫困测度的多维方法和实证应用》，《中国软科学》2015 年第 7 期；Acupan A., Agbola F. W., Mahmood A.,Does Microfinance Reduce Poverty? New Evidence from Northeastern Mindanao, the Philippines, *Journal of Rural Studies*, 2016。

② Mosley P., Microfinance and Poverty in Bolivia, *Journal of Development Studies*, 2001(4).

（二）能力贫困理论

随着对贫困问题的深入研究，专家学者逐渐转向了个人的能力贫困和能力剥夺，提倡保护人类基本能力。能力匮乏是导致贫困的主要因素，[①] 而能力是由一系列功能构成的，包括免于饥饿的能力、接受教育的能力、发展生产的能力等。在能力分析的体系内，原本仅从物质收入的角度对贫困的理解日益缺乏解释力，而把贫困视为一种"对能力的剥夺"逐渐得到更多人的认可。阿玛蒂亚·森认为，贫困是因为能力不足和能力剥夺，而不仅仅是收入水平较低的问题。作为社会人，能力的丧失或者能力的剥夺是其逐渐走向贫困的根源。与此同时，萨比娜·阿尔基尔（2010）从可行能力视角出发，对人类贫困进行深入研究。至此，能力贫困理论逐渐得到完善，但是，对于贫困的研究都是从单一维度的衡量标准进行分析的，随着社会经济发展和扶贫治理难度增加，学界逐渐将贫困研究视角转向多维贫困研究。[②]

（三）多维贫困理论

阿玛蒂亚·森是较早明确提出从多维角度认识贫困和发展问题的学者。他从能力贫困的角度指出，作为社会人，其基本可行能力包括公平地获得教育、健康、饮用

---

① Gou C., Luo X., Zhu N., Income Growth, Inequality and Poverty Reduction: A Case Study of Eight Provinces in China, *China Economic Review*, 2008(3).

② 马流辉:《易地扶贫搬迁的"城市迷思"及其理论检视》,《学习与实践》2018年第 8 期。

水、住房、卫生设施、市场准入等多个方面的内容。基于此，多维贫困理论认为对贫困的测量不仅限于经济收入，还应从教育、医疗、获得信息和社会保障等多个维度进行贫困衡量。[1] 萨比娜·阿尔基尔的研究也由能力贫困转向多维贫困研究，他以可行能力视角为基础，从就业、主体性和赋权、人类安全、体面出口的能力，以及心理和主观福祉五个维度对人类贫困进行了探讨。同时，联合国开发计划署在 2010 年《人类发展报告》中公布了世界各国的多维贫困指数（Multidimensional Poverty Index, MPI），从健康、教育、生活标准三个维度，营养、儿童死亡率、受教育年限、入学儿童、做饭用燃料、厕所、饮用水、电、屋内地面、耐用消费品等 10 个指标进行了贫困测量。至此，多维贫困理论得到了世界学术界的普遍认可及广泛应用。

（四）贫困治理理论

贫困治理理论源于公共管理领域。贫困是一种复杂的社会现象，消除贫困是国家治理的重要内容，治理能力是反贫困过程中的关键因素。我国政府扶贫开始于 1982 年，从 1982 年到 1994 年，我国主要的扶贫方式是农村地区大规模的开发式扶贫，虽存在瞄准精度不够、帮扶不到位等问题，但整体上取得了辉煌的成就，同时在扶贫开发中基本建立

---

① 张全红、周强：《中国贫困测度的多维方法和实证应用》，《中国软科学》2015年第 7 期；吴本健、葛宇航、马九杰：《精准扶贫时期财政扶贫与金融扶贫的绩效比较——基于扶贫对象贫困程度差异和多维贫困的视角》，《中国农村经济》2019 年第 7 期。

了扶贫资金体系。① 随后经过八七攻坚扶贫阶段和脱贫致富阶段，在这两个阶段中，主要对全国贫困区进行划分，实行整县推进、整村推进，取得相当大的成就。但是，并不能充分调动社会、市场、社区、个人等主体在扶贫过程中的积极性，针对特殊区域、特殊群体也不能进行有效扶贫，无法发挥国家治理能力的关键性作用。大量的"输血式"扶贫也造成了许多社会矛盾，增加了当前精准扶贫治理难度。因此，在当前的贫困治理中研究者强调应发挥政府、社会、市场、社区、个人等不同主体在反贫困过程中的协同作用。② 认为在精准扶贫理论指导下，应加强政府主导与社会广泛参与机制建设，实施多样化扶贫脱贫路径，大力发展生产和社会保障，并改"输血式"扶贫为"造血式"扶贫，③ 强调扶贫对象的自主发展能力和脱贫能动性，强调通过发展生产实现长期脱贫。整合社会资源，构建全社会大扶贫格局，尽一切可能实现全国农村贫困人口如期稳步脱贫。

（五）精准扶贫理论

党的十八大以来，中央提出到 2020 年我国全面建成小康社会，其中最根本的是要彻底消除农村贫困人口。面对以往的开发式扶贫和扶贫攻坚阶段的遗留难题，继续实施开发式扶贫已经难以满足全面建成小康社会的减贫目标

① 翟绍果、张星、周清旭：《易地扶贫搬迁的政策演进与创新路径》，《西北农林科技大学学报》（社会科学版）2019 年第 1 期。
② 熊升银、王学义：《易地扶贫搬迁政策实施效果测度及影响因素分析》，《统计与决策》2019 年第 7 期。
③ 郭俊华、赵培：《西北地区易地移民搬迁扶贫——既有成效、现实难点与路径选择》，《西北农林科技大学学报》（社会科学版）2019 年第 4 期。

要求，因此精准扶贫应运而生。精准扶贫理论最根本的理论支撑是中国特色社会主义理论。[①]社会主义的本质是解放和发展生产力，最终的目的是实现共同富裕，这是中国当前面临的历史任务，是摆脱贫困、实现全面小康社会建设等一系列问题的根本目标。实现这一目标最根本的是要解决广大农村地区的人口贫困问题，而精准扶贫理论正是解决我国农村贫困问题的重要思想指导。

精准扶贫理论不仅仅是国家贫困治理的重要抓手，同时它还拥有完整的观念体系，其核心内容是精准扶贫、精准脱贫、脱贫攻坚和"绣花功夫"抓扶贫。[②]精准扶贫中的"六个精准"全面地覆盖扶贫、脱贫全过程。"六个精准"从扶贫对象精准、项目安排精准、资金使用精准、措施到户精准、因村派人精准和脱贫成效精准六个方面对扶贫精准性进行界定，涵盖从扶贫到脱贫的全过程，逻辑严密、实施精确。精准脱贫中的"五个一批"包括了当前扶贫、脱贫各种途径。"五个一批"从发展生产脱贫一批、易地搬迁脱贫一批、生态补偿脱贫一批、发展教育脱贫一批和社会保障兜底脱贫一批等方式方法出发对扶贫方式和脱贫路径进行归纳，各省份、县区紧紧围绕"五个一批"实施精准扶贫精准脱贫。脱贫攻坚首先明确精准扶贫目标，通过将农村贫困人口脱贫与农村经济发展和农村贫困

---

① 马流辉：《易地扶贫搬迁的"城市迷思"及其理论检视》，《学习与实践》2018年第8期。
② 马晓河、方松海、赵苹：《脱贫减贫政策效果的评价与思考——基于河南A贫困县和陕西B非贫困县的观察》，《宏观经济研究》2019年第7期。

人口自身发展相结合，动员全社会力量构建大扶贫格局；①加强农村贫困地区社会保障体系建设，构建完整完善的中国式大社会保障体系。扶贫要进一步攻克精准扶贫中的重点难点问题。针对当前社会扶贫攻坚未触及的贫困区和贫困户，习近平总书记指出要用"绣花功夫"将扶贫资金、帮扶措施精准到村、到户、到人，实现真扶贫、扶真贫。

三　国内经验

自精准扶贫政策实施以来，各地区基层政府组织进行长期实践探索，总结出一些具有广泛推广价值的经验。河南省兰考县以习近平总书记精准扶贫重要指示精神为指导，以脱贫攻坚统揽经济社会发展全局，依靠加强党的领导、增加扶贫投入、实施多方联动、动员群众参与、准确把握精准扶贫要义，走出了一条具有中原特色的精准扶贫之路，于 2017 年提前摘掉贫困县的"帽子"。甘肃省渭源县以创新精准扶贫机制为切入点，强力推进试验区扶贫攻坚工作，通过优先夯基础，实施基础改善工程；突出抓增收，实施产业增收工程；着眼惠民生，实施公共服务保障工程；着力解难题，实施金融支农工程；围绕强技能，实施能力素质提升工程；注重拓渠道，实施电商旅游扶贫工程"六大工程"；发扬"三苦"精神的核心动力；突出政府推动，健全体制机制；注重社会参与，借助内外联

---

① 刘伟、徐洁、黎洁：《易地扶贫搬迁目标农户的识别》，《中南财经政法大学学报》2018 年第 3 期。

动;坚持开发扶贫,转变发展方式,实现了精准扶贫,贫困农民稳步脱贫。在云南省,会泽县积极实施"走出去"战略,促使大批农村贫困劳动力转移就业;加大基础设施改善工程建设力度,全力保障贫困农民生存生活环境得到有效改善;大力发展产业富民工程,增强贫困农户自身发展能力,实现自主创业、自我发展;积极实施素质提升工程,加大学校软硬件基础设施建设投入、狠抓农村实用技术培训和推广、实施"雨露计划"等。通过生态保护及美丽家园建设工程促使贫困农户住房问题、生活环境问题得到有效改善;实施保障体系构建工程,实现贫困农户社会保障兜底,保障其生存生活权利。贵州省毕节市实施"到村到户"精准扶贫,通过产业发展、结对帮扶、教育培训以及生态移民等促进贫困户有序脱贫。广东省"双到"模式与湖北恩施七项到户到人政策获得了成功的经验,表明精准扶贫在于识别精准、帮扶精准、考核精准、内外联动与扶贫队伍建设。四川藏族聚居区则从公共服务、扶贫投入和市场化的生态补偿制度三方面来完善精准扶贫实践的思路和经验。

发展产业扶贫是目前大多数地区普遍实施的扶贫措施,本研究指出,在发展产业的同时,应该加强对扶贫主体自身能力和当地自然环境及当地政府配套实力的考量,同时还要建设一套可持续化发展机制,避免产业帮扶人员撤退,帮扶主体无法实现产业维持,造成再次返贫。另外,精准扶贫应提升贫困地区和贫困人口的可行能力,不能违背发展规律。当前,科学技术参与精准扶贫是学术界研究和一线扶贫工作者积极探索的新路径，目前，部分地区提出了一系列"X+精准扶贫"的构想，如"电子商务+精准扶贫""旅游+精准扶贫""PPP模式+精准扶贫""互联网+精准扶贫""金融+精准扶贫"等。如河北承德通过发展农村电商参与扶贫减贫，探索适合贫困地区电商扶贫的主要模式和对策。乐山小凉山地区依托自身旅游资源提升自身知名度，将旅游产业和精准扶贫精准脱贫相结合，通过发展生态文化旅游，并将电子商务技术运用到旅游开发当中，实现了该区农村贫困人口稳步脱贫。

第三节　研究方法及研究思路

一　研究方法

（一）主要部门访谈

本课题所采用的部门访谈法主要包括县、乡镇政府等相关部门访谈和村干部访谈两个部分。关于相关政府部门访谈，本课题组主要通过开展座谈会，全方位了解该地区贫困状况，主要内容包括了解该地区农村贫困的整体状况（农村贫困群体的贫困分布、生活状况、收入支出、贫困原因等），同时了解该地区在扶贫过程中所实施的重要举措、扶贫方式、资金整合、人员配置、扶贫成绩、遇到的困难、总结的扶贫经验启示和下一步的扶贫政策制定等。关于村干部访谈，主要是通过与村"两委"进行座谈，全面了解所调研贫困村的基本状况（包括贫困人口分布、贫困户的识别机制、村扶贫项目安排、帮扶责任人安排和村扶贫资金的使用情况）、贫困户的基本状况（包括家庭状况、收入支出、致贫原因、安排的扶贫措施和脱贫效果等）、该村扶持政策的运行状况及对贫困户产生的影响、村扶贫工作中遇到的困难、下一步的扶贫项目安排及当前扶贫经验启示等。

（二）问卷调查

问卷调查是了解农村贫困人口生活状况及扶贫政策措施效果研究的重要工具。本次调研所使用的问卷由中国社会科学院统一制定，包括村问卷和住户问卷。村问卷主要内容包括村庄基本情况、五年来的发展变化、村集体经济发展情况、村治理基本情况、村干部职务演变情况、村发展项目和扶贫项目争取及落实情况、村学校和教育发展情况、劳动力技能培训开展情况、劳动力外出务工就业情况、贫困户精准识别和调整情况等。主要目的是通过对村"两委"成员进行问卷调查来详细、全面地了解村庄当前的精准扶贫实施现状。住户问卷主要内容包括家庭成员、住房条件、生活状况、健康与医疗、安全与保障、劳动与就业、政治参与、社会联系、时间利用、子女教育和扶贫脱贫等。主要目的是通过问卷信息的采集整理了解住户人口、经济、生活、享受惠农政策等基本情况，了解贫困户的贫困状况、致贫原因以及贫困减缓情况，了解贫困户享受扶贫政策情况及其效果。

本课题组选定的调研地点为云南省祥云县大仓村，之所以选择该村作为调研点，主要考虑以下因素：一是该村的地理位置、经济社会发展水平以及自然资源禀赋存在特殊性，作为研究对象，在全国范围内具有一定的代表性。二是由于该村在地方语言、文化背景上与本调研组成员所处环境相对接近，便于调研问卷工作的具体实施；本调研组成员曾与部分调研点在其他工作项目上有过合作，储备了一定的人际关系，同时对这些地区也有充分的了解，因此，更加方便调研工作的展开。为了保证调查质量，本课题组采取了以下措施：一是将该村分为贫困户和非贫困户两个组，分别对这两个组进行调查。然后课题组与当地高等院校提前取得联系，抽取生源地大学生 2~3 人作为调查员，这不仅使调查样本具有代表性，而且由于生源地调查员对自己的家乡比较了解，可以最大限度地保证调查内容的真实可靠。二是在入户调查开始之前，对所有的调查员按照"'全国精准扶贫精准脱贫百村调研'住户问卷调查问卷指标解释"进行统一培训，对调查问卷所涉及的相关内容做详细解释，并明确相关问题的内涵。本次调查总共发放问卷 150 份，回收问卷 150 份，回收率为 100%。经后期检查核对，剔除信息严重缺失及不符合标准的问卷后，得到有效问卷数为 148 份，问卷有效率为 98.67%。

二 研究思路

本研究以习近平同志为核心的党中央为消除贫困，实现到 2020 年全面建成小康社会的宏伟目标而提出的精准扶贫重要理论为大背景，以中国社会科学院为更好地发挥党和国家思想库、智囊团的重要作用，加强对重大问题开展国情调研而实施的"全国精准扶贫精准脱贫百村调研"国情调研特大项目为小背景，以及时了解和展示我国当前处于脱贫攻坚战最前沿的贫困村的贫困现状、脱贫动态和社会经济发展趋势，从村庄脱贫实践中总结精准扶贫精准脱贫的经验教训为主要目标。特选定位于我国西南部的少数民族聚居村——大仓村为调研点，进行入村入户调研。重点关注当前该村精准扶贫精准脱贫现状和精准扶贫精准脱贫农户满意度，并进行数据分析。

本研究拟完成学术专著一份，专著将分为五章。第一章是绪论，第一节以论述本研究的研究背景及意义为出发点，引出精准扶贫的内涵；第二节按"贫困理论—能力贫困理论—多维贫困理论—贫困治理理论—精准扶贫理论"这一顺序介绍世界贫困研究的发展历程，从而进一步延伸阐述我国当前各省区市精准扶贫精准脱贫的实践经验；第三节叙述本研究所使用的研究方法及研究思路，以期能更好地使读者明晰本专著的研究脉络。第二章主要介绍调查区域概况，从祥云县自然地理概况及社会经济发展状况出发，从宏观角度介绍该村的特殊自然地理环境及社会经济发展状况，从微观角度介绍该村农户家庭生活及生产情况。第三章描述大仓村精准扶贫精准脱贫现状，以祥云县扶贫机制为起点，引申至大仓村主要致贫因素，通过对致贫因素的把握来"对症施药"，同时介绍该村当前的扶贫效果及存在的问题。第四章主要通过 SPSS 软件来进行数据分析，描述精准扶贫中易地搬迁农户的满意度及其影响因素，并提出具有建设性的意见和建议。第五章主要从扶贫对象及脱贫对象、主要选择的扶贫模式及相应对策建议等角度论述完善大仓村精准扶贫精准脱贫机制。文后为后记，主要阐述本项目研究过程中遇到的问题及需要改善的方面，并对本次调研过程中给予帮助配合的人员表示感谢。图 1-1 为本课题研究的框架。

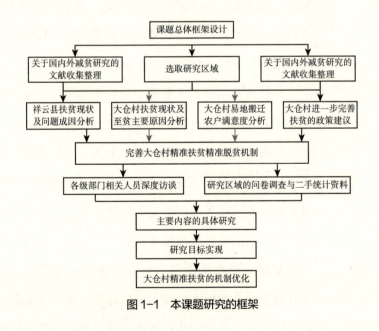

图 1-1　本课题研究的框架

第二章

调查区域概况

第一节　祥云县自然地理概况

　　祥云县位于云南省中西部，大理白族自治州东部，县城东距省会昆明市 331 公里，西距州府大理市 71 公里。县境东与楚雄彝族自治州的大姚、姚安、南华三县交界，南与弥渡县相连，西与大理市接壤，北与宾川县毗邻。南北最大跨距 74.5 公里，东西最大跨距 62.5 公里。祥云县地处云贵高原和横断山脉交界地段，地质构造复杂，河谷、盆地相间排列，滇西四大平坝之一的云南驿坝即位于县境中部。县境山脉均属横断山系云岭余脉，总体呈南北走向，地势西北高、东南低，呈三级阶梯状下降。东北部米甸境内的五顶山海拔 3241 米，为祥云县最高点；南部鹿鸣高峰岭大河边海拔 1433 米，为祥云县最低点。祥云县境内大部分地区属北亚热带偏北高原季风气候区,四季变化不明显,常年平均气温 14.7℃;干湿季分明,年均降雨量 810.8 毫米;年日照时数长,居全省第四位;由于海拔悬殊,气候垂直分布明显,水平分布复杂。祥云境内河流分属长江上游金沙江和元江 – 红河两大水系。主要河流有金沙江流域的鱼泡江及其支流楚场河、格子河,元江流域的鹿窝河。在县境西部有两个半封闭性的天然淡水湖:青海湖和莲花海。同时,该地区自然资源丰富,截至 2013 年,祥云县有天然林木 142 种,野生动物 37 种;由于祥云地处澜沧江、怒江和金沙江三江沉矿地带,矿产资源、水电资源丰富,境内煤炭储量 1.4 亿吨,是滇西贫煤区的富煤县;金属矿产资源有金、银、铜、铁、钼、铝、锌、钡等,其中已探明贵金属黄金储量为 5.4 吨;祥云县水资源、水能资源丰富,截至 2013 年水资源总量 4.64 亿立方米,水能资源 20469 千瓦。

第二节 祥云县社会经济发展现状

一 经济发展平稳健康,综合实力持续增强

2016 年,全县生产总值达 124.99 亿元,同比增长 10.1%,三次产业结构更加合理。一般公共预算收入达

8.01 亿元，同比增长 10.3%；一般公共预算支出达 30.35 亿元，同比增长 9.0%；规模以上固定资产投资达 80.08 亿元，同比增长 30.9%；社会消费品零售总额 43.2 亿元，同比增长 13.2%。城镇居民人均可支配收入 29726 元，同比增长 10.2%；农村居民人均可支配收入 9859 元，同比增长 13.1%。综合来看，祥云县依托精准扶贫政策的实施和供给侧结构性改革等，成功实现县域经济综合发展。

二 高原特色农业提质发展

2016 年，祥云县粮食总产量达 20.94 万吨，烤烟种植 9 万亩、桑园面积 9.64 万亩、种植蔬菜 16 万亩、水果种植 5.51 万亩、中药材种植 1.5 万亩。同时，林甸县实现土地流转面积 11.35 万亩，建成省级农业庄园 2 个、州级农业庄园 7 个。累计培植农业企业 75 户，成立农民专业合作社 941 个，鼓励发展家庭农场 74 个。同时，林甸县将精准扶贫政策与高原特色农业发展相结合，成功走出了特色高原农业发展带动贫困户脱贫的路子。

三 新兴工业转型发展

截至 2016 年，祥云县完成了公共服务中心、消防二中队、园区公租房等建设，建成并投入使用标准厂房 2.88 万平方米。矿冶、化工、装备制造等支柱性产业地位不断巩固；煤炭产业转型升级不断加快，关闭年产 9 万吨及以下矿井 27 对；设立全省第一只县级工业产业发展基金，帮助企业破解融资难题。据统计，祥云县规模以上企业达 39 家，实现增加值 23.73 亿元，工业总产值累计达 133.89 亿元。新兴企业不仅使该县工业经济实现了良好的转型发展，而且在精准扶贫政策扶持下，企业也逐步融入脱贫攻坚中，接纳贫困户劳动力入企工作，增加农民就业机会，发展成果惠及贫困农户。

四 现代服务业繁荣发展，市场消费稳步提升

截至 2016 年，祥云县完成了寺抱塔回廊恢复和五祖道场一期、二期建设，完成了"红色传承"教学基地建设，乡村旅游发展初具规模。飞龙酒店投入试运营，累计接待游客 493 万人次，旅游综合收入实现 57 亿元。完成物流园区控制性详细规划编制，启动了紫辰智慧物流园建设。住宿餐饮、教育培训日益活跃。完成下庄镇乡村新型商业中心建设，城乡消费持续增长。深入实施"互联网 +"行动计划，与阿里巴巴签订战略合作协议，被列为全国电子商务进农村综合示范县。实现了祥云县现代服务业繁荣发展，市场消费稳步提升。

五 基础设施不断完善，农村面貌焕然一新

农田水利方面，祥云县建成中型水库 1 座、小型水

库 1 座，除险加固中小型水库 134 座，治理河道 30.32 公里，新增有效蓄水能力 4349 万立方米。农田水利的建设完善直接惠及农户农业生产，增加农户农业收入。交通建设方面，祥云县加强农村交通设施建设，完成 75.2 公里乡村公路和 875.5 公里建制村通村硬化路建设，实现 100% 村通硬化路，21 个贫困村、50 户以上自然村通硬化路工程全部完工。通村公路的建设彻底解决了困扰农民出行的问题，在一定程度上发挥了减贫脱贫的作用。公共设施方面，全民健身中心、方通影视城建成并投入使用，县医院老年医学关爱中心一期及乡镇文生园公共卫生楼等 23 个项目相继建成并投入使用。祥云县积极将精准扶贫政策融入农村基础设施建设之中，通过政策扶持，真正帮扶农户实现稳步脱贫。

六 社会事业协调发展，农民幸福指数不断提升

脱贫攻坚成绩斐然。截至 2016 年，全县已经完成易地搬迁 2908 户，建成安置点 35 个，解决了 4849 户贫困户的安全稳固住房问题。同时，全县通过创新"产金互促"精准扶贫模式，1582 户贫困户每户平均增加资本性收入 3000 元。脱贫退出人口医保和社会养老保险参保率均达 100%。19 个贫困村和 3 个贫困乡镇脱贫出列，全县脱贫 13284 人，贫困发生率下降至 2.86%。民生保障更加有力。推进创业促进就业，累计新增城镇就业 7522 人、农村劳动力转移就业 7454 人。城乡居民养老保险参保 24.45 万人，"五险"参保

12.72 万人, 发放金融社保卡 19.3 万张, 城乡医保参保率达 96.34%。累计发放城乡低保及医疗救助资金 4.13 亿元, 救助 "三丧失" 1200 户 2026 人, 发放残疾人 "两项补贴" 152 万元。完成保障性住房建设 2300 套, 实施特困户住新房 304 户、农村危房改造和抗震安居工程 18270 户。民生支出累计达 81.35 亿元, 占一般公共预算支出的 79.5%。

第三节　大仓村概况

　　大仓村隶属祥云县下庄镇, 距祥云县城 38 公里, 距乡镇 8 公里, 距最近的车站码头约 8 公里, 东邻新胜村委会, 南邻小河村委会, 西邻同兴村委会, 北邻永建镇永瑞村委会。全村村域面积 39.7 平方公里, 下辖 13 个自然村（寨）、14 个村民小组, 该村并未经历过行政村合并。该村地质构造复杂, 山脉、河谷、盆地相间排列, 地形错落有致, 平均海拔 1766 米。虽然祥云县域山脉均属横断山系云岭余脉, 土地较为破碎, 但是本村大部分地区尚处平坝区, 地势总体较缓, 并无陡山阔河, 适合建村建制。大仓村是水资源比较缺乏的村子, 仅有大仓河道、小桥沟等四条沟渠流经大仓村, 且径流量较小。仅有小型窑山三村库塘作为村内农田灌溉水库, 且该村农田还大多以旱田为主, 小型水库并不能有效地保证农业生产用水。

第四节　大仓村社会经济发展现状

一　土地资源与农业

　　大仓村土地资源比较匮乏，从表2-1可见，全村共有耕地面积2810亩，其中旱地1204亩，断续灌溉面积1606亩，人均耕地面积仅为0.71亩。由于该村山谷交错、土地破碎，农业种植难度较大。受地形结构及传统种植观念的影响，该地多以烟草种植为主，达2575亩。但该村林地面积较大，为44498亩，人均林地面积11.17亩。同时，该地海拔较高、气候温寒，适合牧草生长，全村牧草地面积24430亩，人均6.13亩。此外，该村原有园地面积200亩，后村"两委"商议，修整扩建园地面积3000亩，通过冬桃种植实现发展产业脱贫一批（见图2-1）。截至2016年底，大仓村共完成土地确权面积2427亩，其中农户对外流转耕地面积247亩，参与耕地流转农户72户，平均流转租金为每亩300元，在一定程度上增加了农户资产性收入。同时，村集体对外出租山林地面积1100亩，增加村集体收益。

表2-1　土地资源及利用

单位：亩

土地利用方式	面积	土地利用方式	面积
耕地面积	2810	畜禽饲养地面积	50
旱地面积	1204	养殖水面	20
断续灌溉面积	1606	农用地中属于农户自留地的面积	2373

土地利用方式	面积	土地利用方式	面积
园地面积	3200	2016年底土地确权登记发证面积	2427
林地面积	44498	农户对外流转耕地面积	247
牧草地面积	24430	村集体对外出租山林地面积	1100

说明：本书统计图表，除特殊标注外，均来自大仓村调研。

资料来源：精准扶贫精准脱贫百村调研 - 大仓村调研。

图 2-1　大仓村冬核桃扶贫项目

说明：本书图片，除特殊标注外，均为刘志拍摄，拍摄时间为 2016 年 11 月或 2017 年 4 月。

二　经济发展

改变贫困现状，实现到 2020 年全面脱贫，发展经济是必由之路，产业发展是关键。农村地区实现产业发展离不开农业专业户、家庭农场、农业企业和农民专业合作社（见图 2-2）。从表 2-2 可见，截至 2016 年，大仓村农民年人均纯收入为 7736 元，仅占全国农村年人均纯收入的62.79%。精准扶贫背景下，该村大力发展农村经济、产业，以经济增长带动脱贫。当前，该村拥有农民合作社、家庭农场、专业大户、餐饮企业等多种经济经营主体，通过精准扶贫政策支持，实现制造加工推动、专业大户带动、农民合作社引领、农村商业支持的农村经济综合发展。

图2-2　祥云县富帆种植农民专业合作社

表2-2　大仓村多种经济经营主体情况

单位：元，家

类别	数量	类别	数量
村农民年人均纯收入	7736	加工制造企业数	2
农民合作社数	2	餐饮企业数	2
家庭农场数	1	批发零售、超市、小卖部数	10
专业大户数	4	其他企业数	23
农业企业数	0	企业中，集体企业数	0

从表2-3可见，作为该村农民合作社，芳芳种植由村干部以外的农户领办，当前入社贫困户5户，主要经营业

务范围是经济林果。该农民合作社前期投资 3 万元，截至目前，已经实现 8 万元的销售总额，并给予贫困户 1.5 万元分红。而同样作为经济林果种植的仓宏盆果种植由村集体领办，该农民合作社于 2016 年 8 月成立，当前拥有社员 8 户，由于果树有三到五年的挂果周期，因此当前并未实现利益收入。

表 2-3　大仓村农民合作社

单位：户，万元

名称	领办人	成立时间	目前社员户数	业务范围	总资产	销售总额	分红额
芳芳种植	村干部以外的农户	—	5	经济林果	3	8	1.5
仓宏盆果种植	村集体	2016 年 8 月	8	经济林果	8	无	无

三　劳动力与就业

从表 2-4 可见，该村共 1045 户 3984 人，其中少数民族 171 户 630 人，是一个典型的大杂居小聚居村庄。该村残疾人数为 67 人，多半因工致残，针对因残致贫的贫困户，该村通过社会兜底给予保障。该村劳动力人口为 1970 人，占全村总人口的 49.45%。其中，外出半年以上劳动力 582 人，外出半年以内劳动力 272 人，分别占劳动力总数的 29.54% 和 13.81%。外出务工可获得更多的生活资源，因此，外出农户逐渐将家庭带入城市，据统计该村举家外出户为 82 户 310 人。调查显示，该村农户外出地点多是大理、丽江及省会昆明市，主要考虑的是务工地点离家较近，能一边挣钱一边维持家中的农业生产（见图2-3），其中，定期回家务农的外出劳动力人数为272人。另外，省外打工人数为190人，外出地点多是广东、福建等沿海地区，由于该群体受教育水平偏低，年龄较大，因此只能从事零件加工、建筑等行业。同时，该村注重培养新成长劳动力，积极引导村民参加雨露计划"两后生"培训。

表2-4 劳动力与就业

单位：人，户

类别	数量	类别	数量
常住人口数	3984	外出到省内县外劳动力数	310
劳动力人口	1970	外出务工人员中途返乡人数	64
外出半年以上劳动力数	582	定期回家务农的外出劳动力数	272
举家外出户数	82	初中毕业未升学的新成长劳动力数	36
举家外出人口数	310	高中毕业未升学的新成长劳动力数	3
外出半年以内劳动力数	272	参加"雨露计划"人数	200
外出到省外劳动力数	190	参加雨露计划"两后生"培训人数	186

四　社会保障

从表2-5可见，2016年该村共获得国家救助资金2.1万元，其中资助低保人数213人，五保供养人数5人。考虑到本村实际情况，该村对于五保户采取集中与分散供养相结合的方式，最大限度地照顾五保人员。全村980户3890人参加了新型合作医疗，缴费标准为每人每年150

图 2-3　外出务工村民回家务农

元，考虑到农户参保资金投入较大，该村结合上级政策给予适度补助。同时，该村 980 户 2420 人参加了社会养老保险，分别占该村总户数的 93.78% 和总人口的 60.74%，该村养老保险金额分三个等级分发，详见表 2-5。养老保险虽不能承担老年人生活所需全部资金，但在相当大程度上减轻了老年人的生活压力。

表 2-5　2016 年大仓村社会保障

类别	数量	类别	数量
参加新型合作医疗户数（户）	980	参加社会养老保险户数（户）	980
参加新型合作医疗人数（人）	3890	参加社会养老保险人数（人）	2420
新型合作医疗缴费标准［元/（年·人）］	150	一级补助标准［元/（年·人）］	1800
五保供养人数（人）	5	二级补助标准［元/（年·人）］	1500
集中供养人数（人）	0	三级补助标准［元/（年·人）］	1200
集中与分散供养结合五保人数（人）	5	低保人数（人）	213
五保供养村集体出资金额（元）	0	当年全村获得国家救助总额（万元）	2.1

五　文化教育

治贫先治愚，扶贫先扶智。"智"应当包括拥有挖掉穷根的志向和具备脱贫致富的能力双重含义。"治贫"与"扶智"的根本手段就是发展教育事业。由于缺乏文化知识的父辈无力供养孩子上学，许多贫困家庭的子女早早辍学进入社会，学历低、技能低导致其收入水平低、抗风险能力差，而他们的后代也势必重蹈覆辙。因此，相对于经济扶贫、政策扶贫、项目扶贫等，"教育扶贫"直指导致贫困落后的根源。大仓村积极发展教育扶贫事业，最大限度地满足农村贫困人口接受教育的现实需求。

从表 2-6 可见，目前，该村拥有一所公立幼儿园，在园 35 人，幼儿园的收费标准为每人每月 300 元。该村拥有一所小学，在校生为 199 人，占本村小学阶段适龄儿童的 96.14%，其他适龄儿童则选择去乡镇、市县小学就学。同时，因本村无初级中学，适龄学生 61 人，其中女生 26 人全部就读于乡镇、县城或外地中学。与此同时，凡在本乡镇就读的学生可领到午餐补助，这一举措在一定程度上减少了农户家庭部分教育支出。另外，因本村对适龄学生接受九年义务教育相当重视，并未出现适龄学生失学辍学现象（见图 2-4）。

表2-6 大仓村学前、小学、中学各阶段教育情况

一、学前教育			
本村 3~5 岁儿童人数（人）	138	本村幼儿园、托儿所数量（所）	53
当前 3~5 岁儿童不在学人数（人）	85	其中，公立园数量（所）	1
学前班在学人数（人）	1	幼儿园在园人数（人）	35
学前班收费标准（元／月）	1	幼儿园收费标准（元／月）	300
二、小学阶段教育			
本村小学阶段适龄儿童人数（人）	207	住校生人数（人）	0
其中女生数（人）	103	在县市小学上学人数（人）	6
在本村小学上学人数（人）	199	其中女生数（人）	2
其中女生数（人）	99	去外地上学人数（人）	0
住校生人数（人）	0	其中女生数（人）	0
在乡镇小学上学人数（人）	2	失学辍学人数（人）	0
其中女生数（人）	2	其中女生数（人）	0
三、初中阶段教育			
乡镇中学离本村距离（公里）	8	在县城中学上学人数（人）	3
在乡镇中学上学人数（人）	34	其中女生数（人）	1
其中女生数（人）	14	去外地上学人数（人）	24
住校生人数（人）	34	其中女生数（人）	11
中学是否提供午餐（1.是 2.否）	1	失学辍学人数（人）	0
是否免费或有补助（1.免费2.补助3.无）	2	其中女生数（人）	0

图2-4 大仓村幼儿园小朋友

从表 2-7 可见，该村拥有一所小学，现有公办教师 12 人，其中本科学历 6 人，大专学历 4 人，高中或中专学历 2 人，非公办教师 1 人。该小学于 1999 年建成，校舍面积为 460 平方米，该小学已经配置了联网电脑。另外，该小学提供标准为每人每餐 4 元的免费午餐，在软硬件上都最大限度地满足适龄儿童需求，为学生创造良好的受教育环境。

表2-7　大仓村小学情况

类别	数量	类别	数量
本村是否有小学（1. 有 2. 无）	1	大专	0
最高教学年级	6	高中或中专	1
在校生人数（人）	216	校舍是否独立使用（1. 是 2. 否）	1
公办教师人数（人）	12	校舍建成时间（年）	1999
本科	6	校舍建筑面积（平方米）	460
大专	4	是否提供午餐（1. 是 2. 否）	1
高中或中专	2	午餐标准（元 / 顿）	4
非公办教师人数（人）	1	是否有补助（1. 免费 2. 部分补助 3. 无）	1
本科	0	是否配有联网电脑（1. 是 2. 否）	1

六　社区设施和公共服务

以社区设施和公共服务建设为主要措施之一的农村精准扶贫帮扶措施，是实现农村贫困人口稳步脱贫的重要保证。当前，大仓村加大了道路交通、电视通信、妇幼医疗保健、生活设施、居民住房、农田水利等基础设施建设力度（见图 2-5 至图 2-8），破除贫困地区发展瓶颈，增强贫困地区发展后劲。

从表 2-8 可见，道路交通方面，大仓村入村公路采用宽 4.5 米的双车道设计，总长度约 7 公里，并在路两旁安装路灯，同时进行村内道路 11 公里的硬化处理。电视通信方面，有线信号接通入村，村内安装有线广播，村委会配备电脑并联网，能有效与上级政府进行工作交流并将具体工作通过广播落实到个体。手机信号覆盖率为 100%，并在通信公司的帮扶下，实现无线网全覆盖。妇幼医疗保健方面，该村拥有卫生室一个（见图 2-9），日常生活所需药品配备齐全，且配有拥有行医资格证书的医生 4 人，基本实现小

图 2-5　大仓村正在硬化村道

图 2-6　大仓村水利设施修复工程

图2-7 大仓村计划生育协会标示匾牌

图2-8 大仓村易地搬迁扶贫的新房

病村内医治。另外，近几年该村并无0~5岁儿童、孕产妇死亡的情况发生，实现了孕妇、婴幼儿零死亡的目标。生活设施方面，全村通电，且电费标准为每千瓦时0.36元，电价较城市用电便宜许多，2016年全年共停电2次，基本保障了农村居民用电安全。同时，该村集中供应自来水率

表2-8　社区设施和公共服务

一、道路交通

通村道路主要类型	硬化路	村内通组道路长度（公里）	11
通村道路路面宽度（米）	4.5	未硬化路段长度（公里）	6
通村道路长度（公里）	7	村内是否有可用路灯	是

二、电视通信

村内是否有有线广播	有	使用卫星电视户数（户）	7
村委会是否有联网电脑	有	家中没有电视机户数（户）	21
家中有电脑的户数（户）	16	家中未通电话也无手机户数（户）	11
联网电脑户数（户）	16	使用智能手机人数（人）	2100
使用有线电视户数（户）	890	手机信号覆盖范围（%）	100

三、妇幼医疗保健

全村卫生室数（个）	1	当年0-5岁儿童死亡人数（人）	0
药店（铺）数（个）	0	当年孕产妇死亡人数（人）	0
全村医生人数（人）	4	当年自杀人数（人）	0
其中有行医资格证书人数（人）	4	当前身患大病人数（人）	14
全村接生员人数（人）	0	在村内敬老院居住老年人数（人）	0
其中有行医资格证书人数（人）	0	在村外敬老院居住老年人数（人）	0

四、生活设施

已通民用电户数（户）	1045	饮用水源比例	
民用电单价（元/度）	0.36	集中供应自来水（%）	91
当年停电次数（次）	2	自来水单价（元/吨）	1.2
村内垃圾池数量（个）	1	使用净化处理自来水户数（户）	86
村内垃圾箱数量（个）	14	受保护的井水或泉水（%）	100
集中处理垃圾所占比例（%）	100	水窖数量（个）	42
户用沼气池数量（个）	6	饮水困难户数（户）	0

五、居民住房

户均宅基地面积（平方米）	150	竹草土坯房户数（户）	14
违规占用宅基地建房户数（户）	12	危房户数（户）	0
楼房所占比例（%）	80	空置一年或更久宅院数（户）	320
砖瓦房、钢筋水泥房所占比例（%）	20	房屋出租户数（户）	0

六、农田水利

近年平均年降水量（毫米）	560	机电井数量（个）	6
主要灌溉水源	地表水	生产用集雨窖数量（个）	42
正常年景下水源是否有保障	是	水渠长度（米）	22240

图2-9 大仓村医务室

达到了91%，另外9%的居民由于住所条件限制，无法通自来水，但是他们使用的是受保护的井水或水窖，居民用水安全基本保证。农村生活垃圾处理方面（见图2-10），该村实现了"村收集、乡转运"，实现了垃圾100%分类集中处理，保证了农村环境不受污染。在居民住房方面，该村实现了村民100%居住在安全房屋之中（见图2-11），且户均宅基地面积达到150平方米，其中楼房占比为80%。由于该村易地搬迁和农户举家进城生活，致使320处房屋闲置，村"两委"正在商讨解决方案进行妥善处理。农田水利方面，该村现有机电井6个，生产用集水窖42个（见图2-12），修建水渠22240米，基本保证农田有效灌溉。

七 乡村治理与基层民主

精准扶贫成效受乡村治理和基层民主水平影响。精

图2-10　大仓村生活垃圾收集箱

图2-11　大仓村农户家居住房

准扶贫是国家乡村治理和基层民主的典型，既是实现农村公共服务均等化的一个重要抓手，也是发展乡村社会经济的重要路径。当前，该村十分重视村庄治理与基层民主，并落实到乡村治理机构设置和最近两届村委会选举中。

图 2-12 大仓村农业用水水窖

　　从表 2-9 可见，该村中共党员共 86 人，其中 50 岁以下党员 32 人，高中及以上文化程度党员数为 16 人，呈现党员干部年轻化、文化程度日趋提高的局面。另外，该村拥有党员代表会议，党员代表人数为 4 人，其中有 1 人属村"两委"成员；拥有 11 个党小组，党小组融入村民组中；村支部支委会人数为 5 人，村民委员会人数为 8 人，村"两委"交叉任职人数为 5 人；村民代表人数达 62 人，村民代表中并未出现村"两委"人员，实现了村民代表代表村民进行村务治理。另外，该村设有村务监督委员会，监督委员会人数为 3 人，其中 1 人为村"两委"成员，可有效防止村领导干部滥用职权。该村还设有民主理财小组，成员为 3 人，对村财务进行监督管理，实现村财产在阳光下使用，防止村干部贪污腐败。

表 2-9　村庄治理与基层民主

单位: 人, 个

类别	数量	类别	数量
全村中共党员数量	86	村民代表人数	62
50 岁以下党员	32	其中属于村"两委"人数	0
高中及以上文化程度党员数	16	是否有村务监督委员会	是
是否有党员代表会议	是	监督委员会人数	3
党员代表人数	4	属于村"两委"人数	1
属于村"两委"人数	1	属于村民代表人数	0
党小组数量	11	是否有民主理财小组	是
村支部支委会人数	5	民主理财小组人数	3
村民委员会人数	8	属于村"两委"人数	0
村"两委"交叉任职人数	5	属于村民代表人数	0

从表 2-10 可见，该村于 2013 年和 2016 年分别进行了村委会选举。2013 年该村共有选举权的村民 2946 人，其中 2714 人真实参选，在村主任的选举过程中，该村进行流动投票，设立秘密划票间，开大会唱票，最终村主任以 1534 票超过半数的选票获得选举胜利。2016 年，该村采用同样办法，村主任以 2133 票的高票数获得选举胜利。该村通过一系列改革措施，创新选举，真正实现了民主选举、村民自治。

表 2-10　最近两届村委会选举情况

单位: 人, 票

年份	有选举权人数	实际参选人数	村主任得票数	是否设有秘密划票间	书记与主任是否一肩挑	是否搞大会唱票选举	投票是否发钱发物	是否流动投票
2013	2946	2714	1534	是	否	是	否	是
2016	3026	2735	2133	是	否	是	否	是

八　村集体财务管理

良好的村集体财务公开是实现清正廉洁农村自治的首要条件。在村集体财务方面，该村做了详细的财务公开、定期公示工作（见表2-11）。2016年该村得到上级补助资金，村集体店面厂房等租金收益，修建学校、村办公场所、卫生室等资助资金及其他收入共计260.925万元。村集体共支出村干部、组干部工资，水电等办公费，订报刊费，招待费及其他共计45.1万元。详细的流水账目展示的是村领导干部负责任的态度和全心全意为人民服务的本心。

表2-11　村集体财务

单位：元

一、村集体财务收支			
村财务收入	金额	村财务支出	金额
上级补助	654532	村干部工资	67720
店面厂房等租金	5560	组干部工资	57720
修建学校集资	1500000	水电等办公费	30778
修建村办公场所	180000	订报刊费	2336
修建卫生室	200000	招待费	5941
其他收入	69158	其他支出	286505
二、村集体债券债务			
集体债权	金额	集体负债	金额
商户欠	150000	欠村组干部	32700
其他	0	其他	150000

九 贫困状况

大仓村是省级贫困村，2014 年该村贫困户数为 226 户
813 人，分别占总户数和总人口的 21.63% 和 20.41%。自
2014 年始，村"两委"贯彻落实精准扶贫政策，通过建
档立卡重新评选贫困户，截至 2014 年底，该村建档立卡
贫困户数为 144 户人口 513 人，分别占总户数和总人口的
13.79% 和 12.88%（见表 2-12）。

表 2-12 大仓村贫困现状分布

类别	贫困户数（户）	占总户数百分比（%）	人口数（人）	占总人口数百分比（%）
2014 年贫困户	226	21.63	813	20.41
2014 年底建档立卡贫困户	144	13.79	513	12.88
低保贫困户	73	50.69	203	39.57
五保户	5	3.47	5	0.97
一般贫困户	148	45.84	305	59.46

大仓村下辖 14 个村民组，各村民组贫困状况不一。从
表 2-13 可见，大仓村村民组中贫困户数最多的为 6 组，
2014 年有贫困户 22 户 68 人，截至 2016 年仍有贫困户 11 户
27 人。村民组中贫困户数最少的为 13 组，2014 年有贫困户
3 户 12 人，截至 2016 年仍有贫困户 2 户 8 人。2016 年进行
贫困户重新评定，该村实际贫困户与 2014 年度建档立卡贫
困户在户数和人口数量上有较大出入，2014 年建档立卡贫困
户为 144 户 513 人，但 2016 年贫困户重新评定中，实际贫
困户仅有 68 户 236 人。

表 2-13　大仓村 14 个村民组建档立卡户分布

单位：户，人

类别	2014 年度		2016 年度					
	建档立卡贫困户		实际贫困数		反贫困数		未脱贫数	
	户数	人数	户数	人数	户数	人数	户数	人数
合计	144	513	76	277	0	0	68	236
1 组	15	51	6	22	0	0	9	29
2 组	15	47	7	22	0	0	8	25
3 组	5	19	3	9	0	0	2	10
4 组	9	28	5	18	0	0	4	10
5 组	12	48	10	40	0	0	2	8
6 组	22	68	11	41	0	0	11	27
7 组	13	60	7	31	0	0	6	29
8 组	12	41	7	24	0	0	5	17
9 组	4	15	1	2	0	0	3	13
10 组	6	18	3	8	0	0	3	10
11 组	16	60	8	28	0	0	8	32
12 组	8	33	5	21	0	0	3	12
13 组	3	12	1	4	0	0	2	8
14 组	4	13	2	7	0	0	2	6

从表 2-14 可见，2014 年大仓村建档立卡贫困户 144 户 513 人，最主要的致贫原因是因病、因学和因缺劳动力。针对这种情况，大仓村村"两委"主动实施发展生产脱贫一批、转移就业脱贫一批、易地搬迁脱贫一批、生态补偿脱贫一批、社保兜底脱贫一批等一系列精准帮扶措施，截至 2016 年底成功实现建档立卡贫困户 76 户 277 人的精准脱贫。当前大仓村治贫任务依然艰巨，需要当地乡镇政府、村"两委"、社会群体及贫困个体共同努力，争取在 2020 年全面消除贫困。

表 2-14　建档立卡贫困人口

单位：户，人

类别 ＼ 年份		2014	2015	2016
贫困户数		144	144	68
贫困人口数	总数	513	513	236
	因病致贫人口	392	247	112
	因学致贫人口	7	4	0
	因缺劳动力致贫人口	117	6	39
脱贫户数		82	76	42
脱贫人口数	总数	300	277	158
	发展生产脱贫	103	90	28
	转移就业脱贫	182	100	30
	易地搬迁脱贫	0	62	82
	生态补偿脱贫	0	0	0
	社保兜底脱贫	15	20	18

注：2014 年和 2015 年建档立卡贫困户和贫困人口没有变化。

第五节　大仓村农户家庭生活及生产情况

一　家庭概况

从表 2-15 可见，该村家庭规模多以 3~6 人为主，拥有少数民族户口的有 49 户，占总调研农户的 33.11%。本次调查有效问卷中，贫困户 58 户，非贫困户 90 户。贫困户中男性 124 人、女性 106 人，总体来看，男女性别比例较为均衡。调研数据显示，60 岁以上的老年人口较多，共 114 人，占调研人口的 18.18%，老龄化问题十分突出。同时，该村男性户主135人，女性户主仅为13人，表明该村仍存在以男性为主的保守思想，并且户主的文化水平集中分布在小学组和初中组，整体文化水平较低。从户主年龄结构看，主要分布在40岁以上组，其中贫困户中户主人数最多的是60岁

表2-15 大仓村贫困户和非贫困户家庭概况及户主信息数据

家庭概况		贫困户	非贫困户	户主信息		贫困户	非贫困户
家庭规模（户）	1人	2	2	户主年龄结构（人）	22~30岁	1	2
	2人	5	4		31~40岁	8	13
	3人	13	14		41~50岁	18	31
	4人	19	26		51~60岁	12	21
	5人	11	22		60岁以上	19	23
	6人	7	19	性别（人）	男	52	83
	7人及以上	1	3		女	6	7
少数民族（户）		23	26	少数民族人数（人）		15	13
户籍类型（户）	农业户	230	399	主要社会身份（人）	村干部	0	9
	非农业户	0	2		离退休干部职工	0	1
	居民户	0	0		教师医生	0	2
	其他	0	0		村民代表	2	4
性别（人）	男	124	207		普通村民	56	74
	女	106	190		其他	0	0
年龄结构（人）	0~16岁	44	76	文化程度（人）	文盲	6	17
	17~30岁	33	82		小学	40	43
	31~45岁	62	90		初中	12	24
	46~60岁	44	82		高中	0	4
	60岁以上	47	67		中专及以上	0	2

以上组。同时，调研发现，该村所有的村干部都为非贫困户，原因是该村规定，凡是家中有村干部的一律不许评为贫困户。

二　住房条件

住房条件是判别贫困和非贫困的重要条件，也是测定贫困程度的主要标准。从表 2-16 可见，拥有 1 处住房的有 33 户贫困户、73 户非贫困户，拥有 2 处及以上住房的则分别为 24 户和 17 户。贫困户拥有两处住房，是由于享受了易地搬迁政策，且已搬至新居（见图 2-13），老宅并未拆除。在住房建筑材料方面，该村大多使用的是砖瓦砖木、砖混和钢筋混凝土。在房屋类型中，平房与楼房约各占一半，贫困户中楼房数量较多是因享受到易地搬迁政策，由政府统一建造楼房。在建筑面积上，共 101 户居住面积在 100 平方米以上，完全满足家庭人口住房需求。住房配套设施方面，该村实行水泥路入户、管道供水入户和卫生厕所入户等措施，整体上解决农户出行难、吃水难和厕所卫生问题。炊事能源使用方面，以柴草和电为主。生活垃圾和污水处理方面，该村重点整治，实行垃圾定点堆放、分类处理；污水管道、沟渠排放。在贫困户中，由于享受了扶贫政策，易地搬迁户基本都安装了"中国灌"污水净化系统，实现污水重复利用。总体来看，该村贫困户中对当前住房满意度评价在"一般"及以上的为 49 户。

表 2-16　大仓村调研贫困户与非贫困住房条件

单位：户

项目	分类	贫困户	非贫困户	项目	分类	贫困户	非贫困户
对当前住房满意度	非常满意	19	2	是否有互联网宽带	是	14	32
	比较满意	19	35		否	44	58
	一般	11	25	取暖设施	无	32	48
	不太满意	8	24		炕	2	0
	很不满意	1	4		炉子	6	19
几处住房	0 处	1	0		土暖气	5	9
	1 处	33	73		电暖气	10	14
	2 处及以上	24	17		空调	0	0
住房来源	自有	57	89		市政暖气	0	0
	借用	1	1		其他	3	0
住房类型	平房	32	35	是否有管道供水	是	49	68
	楼房	26	55		否	9	22
住房状况	状况一般或良好	50	71	是否存在饮水困难	是	8	19
	政府认定危房	3	1		否	50	71
	没有认定，但属危房	5	18	炊事能源	柴草	38	25
建筑材料	竹草土坯	6	9		煤炭	0	0
	砖瓦砖木	14	32		灌装液化石油气	0	0
	砖混材料	11	15		管道液化石油气	0	0
	钢筋混凝土	21	15		管道煤气	0	0
	其他	6	19		管道天然气	0	0
建筑面积（平方米）	面积≤80	3	9		电	52	33
	80<面积≤100	4	10		燃料用油	0	0
	100<面积≤120	22	17		沼气	0	0
	面积>120	23	39		其他	0	0
	不清楚	6	15		无炊事行为	0	0
距最近硬化路距离（米）	距离≤100	45	62	厕所类型	传统旱厕	31	77
	100<距离≤300	6	12		卫生厕所	27	11
	300<距离≤800	7	13		没有厕所	0	1
	距离>800	0	3		其他	0	1

项目	分类	贫困户	非贫困户	项目	分类	贫困户	非贫困户
入户路类型	泥土路	22	51	生活垃圾处理	送到垃圾池等	17	24
	砂石路	1	1		定点堆放	40	63
	水泥或柏油路	35	38		随意丢弃	1	3
沐浴设施	无	30	40		其他	0	0
	电热水器	3	5	生活污水处理	管道排放	17	4
	太阳能	25	45		排到家里渗井	4	3
	空气能	0	0		院外沟渠	18	35
	燃气	0	0		随意排放	16	45
	其他	0	0		其他	3	3

图 2-13　贫困户易地搬迁新居

三　生活状况

收入和支出是反映农村居民生活状况和衡量贫困程度

的重要指标。从表 2-17 可见，该村农户年家庭纯收入集中分布在 3 万 ~6 万元，以每户 5 人计算，年人均纯收入为 7000 多元，与全国平均水平还有一定差距。当前家庭财产情况（当前市场估计价值）方面，该村居民整体家庭财产偏低，贫困户家庭财产全部在 3 万元以下，其中家庭财产在 5000 元以下的达 25 户之多，占总调查户数的 43.1%。同时，调研户中仅 11 户有存款，且存款多在 2 万元以下；93 户有贷款，其中贫困户贷款主要用于易地搬迁盖新房，数额在 6 万元左右；非贫困户则主要将贷款用于投资，发展产业。当前，该村农户对家庭周围居住环境满意度较高（见图 2-14），并不认为周围环境遭到污染破坏。总体来看，该村农户对当前生活状况满意度较高，贫困户中 84.48% 的农户选择一般及以上，非贫困户中 84.44% 的农户选择一般及以上。

图 2-14　大仓村污水排泄渠及固土设施

表 2-17　大仓村调研贫困户与非贫困户生活状况

单位：户

项目	分类	贫困户	非贫困户	项目	分类	贫困户	非贫困户
年家庭纯收入（CSR，元）	CSR≤1万	8	13	家庭财产情况，当前市场估计值（CC，元）	CC≤5000	25	17
	1万<CSR≤3万	16	30		5000<CC≤1万	19	26
	3万<CSR≤6万	16	30		1万<CC≤2万	11	23
	CSR>6万	18	17		2万<CC≤3万	3	5
年家庭总收入（ZSR，元）	ZSR≤2万	15	21		CC>3万	0	19
	2万<ZSR≤5万	17	40	去年底家庭存款（CK，元）	无	55	82
	5万<ZSR≤8万	10	15		0<CK≤5000	1	0
	ZSR>8万	16	14		5000<CK≤1万	2	1
年家庭总支出（ZZC，元）	ZZC≤1万	6	13		1万<CK≤2万	0	5
	1万<ZZC≤3万	40	39		CK>2万	0	2
	3万<ZZC≤5万	10	18	去年底家庭贷款（DK，元）	无	14	41
	ZZC>5万	2	20		0<DK≤5000	1	3
家庭收入满意度	非常满意	3	4		5000<DK≤1万	4	4
	比较满意	12	23		1万<DK≤2万	4	13
	一般	17	27		DK>2万	35	29
	不太满意	21	21	家周围有无环境污染情况存在	有	2	8
	很不满意	5	5		无	56	82
对当前家周围居住环境满意度	非常满意	13	7	对当前生活状况满意度	非常满意	10	3
	比较满意	22	52		比较满意	22	40
	一般	16	23		一般	17	33
	不太满意	5	4		不太满意	7	13
	很不满意	2	4		很不满意	2	1

四　子女教育

治贫先治愚，扶贫先扶智。"治贫"与"扶智"的根本手段就是发展教育事业，只有通过对下一辈进行良好的、系统化的教育才能避免孩子重蹈覆辙，继续留在农村继承父母的传统劳动生活方式。当前大仓村积极开展教育扶贫事业，加大教育投资力度，最大限度地促进适龄人口接受现代化教

057

表2-18 大仓村调研贫困户与非贫困户子女教育情况

单位：户

项目	分类	贫困户	非贫困户	项目	分类	贫困户	非贫困户
子女接受教育人数（年满3~18周岁）	0人	24	37	按最常用的交通方式上学时间（单程）	住校	7	8
	1人	20	34		15分钟以下	11	11
	2人及以上	14	19		15~30分钟	11	24
2016年子女教育总费用（ZFY，元）	0 ≤ ZFY<1000	7	11		30~60分钟	7	7
	1000 ≤ ZFY<3000	8	16		60分钟以上	1	3
	3000 ≤ ZFY<6000	9	9		不适用	27	24
	ZFY ≥ 6000	5	9	子女有无失学辍学情况	有	1	6
	不适用	29	45		无	31	41
子女上学地点	本村	20	27		不适用	26	43
	本乡镇	17	12	失学辍学原因	生病、残疾等健康问题	0	6
	本县城（市、区）	2	4		上学费用高，承担不起	0	0
	省内县外	1	5		附近没有学校	0	0
	省外	0	0		附近学校不接收	0	0
	不适用	26	42		自己孩子不想上学	1	2
子女教育是否获得教育补助或捐款	是	27	35		家长流动	0	0
	否	6	11		家庭缺少劳动力	0	0
	不适用	25	44		其他	0	2

资料来源：大仓村住户调研问卷。

育。从表 2-18 可见，该村有 87 户家中有接受教育的适龄人口，仅个别家庭因孩子不愿上学或生病、残疾等导致孩子失学辍学。当前，该村贫困户和非贫困户家庭孩子上学年费用分别集中在 1000~3000 元和 3000~6000 元这两个分组中，因部分家庭较富裕，将孩子送往大城市就读，教育花费一般在 20000 元以上。该村有一所小学和一所幼儿园，适龄学生能就近接受教育，一般上学时间按步行计算多维持在 30 分钟以内。该地区初中、高中在乡镇和县里，在这一年龄阶段的学生大多选择住校，并享受住宿补贴、餐费补贴，上学单程时间维持在一个小时以内。因大学、专职类学校一般在市里，且教育投资较高，学生就读给家庭带来了巨大经济压力。该村为有效实施教育扶贫一批，通过助学贷款、教育补助等措施，帮助学生顺利完成学业。

五 健康与医疗

健康状况一直是导致广大农村人口贫困的主要原因，大仓村同样面临这样的处境。从表 2-19 可见，该村当前贫困户中有 53 人患有长期慢性病、18 人患有重大疾病、3 人有残疾，他们每年的医疗花费普遍在 5000 元以上。在贫困户中，部分人因经济困难、不重视和小病不用医的思想严重，导致病情恶化，致使其出现病情反复甚至恶化现象，危及生命。在非贫困户中，因其家庭相对富裕，很少出现有病不医的现象。同时，从该村农户家中 7 岁以下儿童是否接种疫苗角度来看，调查显示，共 27 户没有给孩子接种疫苗，该村

表2-19　大仓村调研贫困户与非贫困户家庭健康情况及治疗花费状况

单位：户，人

项目	分类	贫困户	非贫困户	项目	分类	贫困户	非贫困户
调研对象健康状况	健康	156	312	家庭病患治疗自费部分（ZF）	ZF ≤ 500元	29	47
	长期慢性病	53	66		500元＜ZF ≤ 1000元	7	5
	患有大病	18	18		1000元＜ZF ≤ 5000元	17	22
	残疾	3	5		ZF ＞ 5000元	5	16
家庭成员不健康的人数	0人	11	36	家庭病患治疗报销费用（BXF）	BXF ≤ 500元	34	64
	1人	24	31		500元＜BXF ≤ 1000元	6	1
	2人	19	18		1000元＜BXF ≤ 5000元	14	17
	3人及以上	4	5		BXF ＞ 5000元	4	8
家庭成员患病严重程度	不严重	7	3	没治疗的主要原因	经济困难	3	2
	一般	18	23		医院太远	0	1
	严重	49	56		没有时间	0	0
家庭病患者是否接受治疗	是	64	74		不重视	4	2
	否	10	8		小病不用医	2	1
家庭病患治疗总费用（ZFY）	ZFY ≤ 500元	26	48		不适用	165	264
	500元＜ZFY ≤ 1000元	3	2	家中7周岁以下儿童是否接种疫苗	是	47	51
	1000元＜ZFY ≤ 5000元	18	21		否	8	19
	ZFY ＞ 5000元	11	19		不适用	3	20

资料来源：大仓村住户调研问卷。

对疫苗接种的认识度不高，疾病防范意识不强，需要村集体加大医疗健康宣传力度，增强农户疾病预防意识。

六 安全与保障

安全与保障涉及社会稳定、农村居民最低生活保障和居民养老保障。从表2-20可见，该村共有6户遭受意外事故，主要是外出务工工伤所致。该村上年并未发生农户被偷被盗的公共安全问题，在安全防护措施中村民也仅采用养狗看院的方式。另外，该村并未出现家庭挨饿情况。该村保留着"养儿防老"这一传统思想，数据显示，共有108户选择将来养老靠子女；16户选择靠社会、政府养老，整体占比较低，一方面说明了我国居民对社会、政府养老了解还不够全面，另一方面说明我国的社会养老、政府养老体制机制还不健全，需要进一步完善我国养老体制机制建设。

表2-20 大仓村调研贫困户与非贫困户公共安全与生活保障情况

单位：户

公共安全		贫困户	非贫困户	生活保障		贫困户	非贫困户
家中是否遭受过意外事故	是	2	4	是否出现挨饿的情况	是	0	0
	否	56	86		否	58	90
家中是否遇到偷抢等公共安全问题	是	0	0	将来养老主要靠谁	子女	43	65
	否	58	90		自己	8	16
社区安全		贫困户	非贫困户		社会、政府	7	9
家中是否有具体防护措施	是	55	87	养老是否有保障	是	34	46
					否	8	10
	否	3	3		不清楚	16	34

七 政治生活

政治生活包括行使政治权利、履行政治义务和参与民主监督。从表 2-21 可见，该村贫困户中仅有党员 2 人，占总调研贫困人口的 0.87%，党员人数如此之少，再加上贫困户一般文化水平较低、思想保守等因素，致使贫困户无法有效行使政治权利，更不用说拥有良好的政治生活。关于"家中是否参加村委会召开的会议"这一问题，117 户参加，占总数的 79.1%。然而，在"家中是否参加村民小组召开的会议"这个问题中，仅有 28 户参加，占比为 18.9%。从这两个对比数据中发现，村民对村民小组会议积极性不高，开会效率低。在"家中是否参加最近一次乡镇人大代表投票"这一问题中，未参与的家庭占总户数的一半以上。当前，大仓村农户政治热情不高，基本政治生活得不到有效保障，需要加强该村基层党建，真正实现农村居民政治生活丰富多彩。

表 2-21　大仓村调研贫困户与非贫困户政治生活情况

单位：户

项目	分类	贫困户	非贫困户
家中是否有党员	是	2	16
	否	56	74
家中有几位党员	0 人	56	74
	1 人	2	14
	2 人	0	2
	3 人及以上	0	0

项目	分类	贫困户	非贫困户
家庭是否参加最近一次村委会投票	是	47	73
	否	11	17
家中是否参加村委会召开的会议	是	44	73
	否	14	17
家中是否参加村民小组召开的会议	是	16	12
	否	42	78
家中是否参加最近一次乡镇人大代表投票	是	25	32
	否	33	58

八　社会联系与时间利用

从表2-22可见，该村虽有两个农民合作社，却仅有28户参加。在文化娱乐或兴趣组织方面，参加的农民户数仅占总调研户数的32.43%，大多数家庭因劳动负担过重早早回家休息。家庭关系方面，7位被访人因配偶患有重大疾病、离婚或丧偶等原因，对婚姻状况表示不满意。在社会联系中，当家庭面临困难或资金缺乏需要借钱时，无论是贫困户还是非贫困户，在寻求对象上直系亲属、其他亲戚、邻居或老乡这三个选项占比最高。在时间利用中，被访人选择看电视、做家务和休息的较多，进一步分析显示，被访者中男性的时间利用基本是上网、看电视和休息，而女性的主要时间利用则是做家务、照顾孩子和休息，这反映出性别差异所带来的社会分工与隐性社会不公、性别不平等等问题。

表 2-22　大仓村调研贫困户与非贫困户社会联系和时间利用情况

单位：户

项目	分类	选项	贫困户	非贫困户
社会组织	是否参加农民合作社	是	10	18
		无	48	72
	是否参与文化娱乐或兴趣组织	是	19	29
		无	39	61
	是否参加其他组织	是	3	3
		否	55	87
家庭关系	对现在的婚姻状况满意度	非常满意	21	31
		比较满意	15	39
		一般	18	17
		不太满意	2	2
		很不满意	2	1
时间利用	业余时间利用（被采访者按主次顺序填，最多选三个）	上网	16	6
		社会交往	16	13
		看电视	33	63
		参加文娱体育活动	6	13
		参加学习培训	0	1
		读书看报	0	3
		休息	35	46
		做家务	28	54
		照顾孩子	18	27
		什么也不做	10	5
		其他	12	39
社会联系	临时有事，一般找谁帮忙（每户按主次顺序，最多选三个）	直系亲属	51	84
		其他亲戚	36	55
		邻居或老乡	37	63
		村干部	11	14
		朋友或同学	12	20
		其他人	19	25
	急用钱时向谁借（每户按主次顺序填，最多选三个）	直系亲属	50	81
		其他亲戚	35	59
		邻居或老乡	33	49
		村干部	7	11
		朋友或同学	14	27
		其他人	17	25

九　劳动与就业

从表2-23可见，该村家庭劳动力人数主要集中在1人、2人这两个分组，其中贫困户有48户，非贫困户有68户，分别占各调研户数的82.76%和75.56%。在性别分析中，贫困户中男性52人，女性30人，性别比例差距较大；非贫困户中男性70人，女性68人，性别比例基本均衡。在劳动力年龄结构中，劳动力年龄集中在27岁以上，反映出我国主要劳动力还是60后、70后和80后，90后还并未真正成为主要劳动力。同时，因该村实施劳动力转移就业扶贫一批，在发展村企业和农民合作社时优先雇用贫困户，使其通过获取工资性收入来脱贫。调研发现，外出务工人员大多数不购买任何保险，这种情况在全国农民工中普遍存在。

十　土地资源和风险

土地是"命根子"，是农民生存权益的集中体现。从表2-24可见，该村户均拥有土地亩数普遍较少，主要集中在0~2亩和2~4亩。同时，该村土地坡度较大，农户只能在坡度较小的地方进行开垦（见图2-15），造成土地分布零散。同时，该地区极易遭受地质灾害、气候灾害的影响，给农业生产造成严重损失。2016年，共有59户遭受了自然灾害，主要原因是农户的土地位于易发生山体滑坡、水土流失的山坡陡地，2016年的一场暴雨，

表2-23　大仓村调研贫困户与非贫困户劳动与就业情况

单位：户、人

项目	分类	贫困户	非贫困户
家庭劳动力人数（劳动力年龄段为16-60周岁）	0人	6	11
	1人	20	14
	2人	28	54
	3人及以上	4	11
劳动力性别	男	52	70
	女	30	68
劳动力年龄结构（NLJG）	16岁≤NLJG<27岁	4	7
	27岁≤NLJG<38岁	15	36
	38岁≤NLJG<49岁	35	53
	49岁≤NLJG≤60岁	15	35
劳动力劳动/就业区域	本乡镇	63	117
	县内本乡镇外	39	18
	省内本县外	47	18
	省外	47	54

项目	分类	贫困户	非贫困户
去年各劳动收入种类人数	农业经营收入	62	103
	非农业经营收入	7	8
	工资性收入	103	66
去年最主要工作进行业户数	农业	36	60
	非农业	22	30
在外务工人员有无社会保险人数	有	11	7
	无	105	173
若是受雇，是否出现拖欠工资的情况	是	46	64
	否	32	70
近一个星期累计劳动/工作时间	0≤时间<20小时	5	0
	20≤时间<40小时	12	21
	40≤时间<60小时	22	58
	60≤时间<80小时	33	55
	时间≥80小时	6	3

导致庄稼被大水冲走，农业受损。另外，2016年粮价下降，调研户中有46户遇到了农产品难卖的问题，占总调研户数的31.08%。

表2-24　大仓村调研农户土地资源和风险情况

单位：户

项目	分类	户数	项目	分类	户数
灌溉耕地（亩）	0≤亩数<2	64	旱地（亩）	0≤亩数<2	81
	2≤亩数<4	64		2≤亩数<4	56
	4≤亩数<6	14		4≤亩数<6	6
	6≤亩数<8	3		6≤亩数<8	2
	亩数≥8	3		亩数≥8	3
灌溉耕地经营块数（块）	0≤块数<2	32	旱地经营块数（块）	0≤块数<2	62
	2≤块数<4	22		2≤块数<4	24
	4≤块数<6	26		4≤块数<6	22
	6≤块数<8	16		6≤块数<8	26
	块数≥8	52		块数≥8	24
家中是否因自然灾害发生财产损失	是	59	去年主要农产品是否遇到卖难问题	是	46
	否	79		否	47
	不适用	10		不适用	55

图2-15　大仓村农民在坡地开垦耕地

第三章

大仓村精准扶贫精准脱贫现状

第一节　祥云县精准扶贫机制

一　精准扶贫机制

2013 年，中共中央办公厅、国务院办公厅印发的《关于创新机制扎实推进农村扶贫开发工作的意见》提出了建立精准扶贫工作机制的目标任务，即通过对贫困户和贫困村的精准识别、精准帮扶、精准管理和精准考核，引导各类扶贫资源优化配置，实现扶贫资源到村到户，逐步构建精准扶贫工作长效机制，为科学扶贫奠定坚实的基础。重点工作是进行建档立卡与信息化建设，建立干部驻村帮扶工作制度，培育扶贫开发品牌项目，提高扶贫工作的精准性和有效性，提高社会力量参与扶贫的精准性、有效性，建立精准扶贫考核机制。同时，《关于创新机制扎实推进农村扶贫开发工作的意见》中提出了建立精准扶贫工作机制的工作重点是改进贫困县考核机制，建立精准扶贫工作机制，健全干部驻村帮扶机制，改革财政专项扶贫资金管理机制，完善金融服务机制和创新社会参与机制。建立精准扶贫工作机制，主要体现在建立精准识别、精准帮扶、精准管理和精准考核的工作机制。

建立精准识别的工作机制是通过申请评议、公示公告、抽检核查、信息录入等步骤，将贫困户和贫困村有效识别出来，并建档立卡。建立精准识别的工作机制主要是做好建档立卡和信息化建设工作。要求乡（镇）村两级按照国务院扶贫办制定的《扶贫开发建档立卡工作方案》中明确的贫困户与贫困村识别标准、方法和程序，做好建档立卡工作。并建设统一的应用软件系统，将建档立卡信息录入软件中，对贫困户信息进行动态管理。

建立精准帮扶的工作机制是对识别出来的贫困户和贫困村，深入分析致贫原因，落实帮扶责任人，逐村逐户制订帮扶计划，集中力量予以扶持。建立精准帮扶工作机制，首先是建立健全干部驻村帮扶工作制度，做好干部选派工作、落实帮扶责任、建立健全帮扶制度。其次是创新社会参与机制，搭建社会扶贫信息服务平台，完善社会扶贫帮扶形式，提高社会参与精准扶贫的精确性和有效性。最后是培育扶贫开发品牌项目，完善金融服务机制，进行扶贫小额信贷，做好易地搬迁工作等。

建立精准管理的工作机制是对扶贫对象进行全方位、全过程的监测，建立全国扶贫信息网络系统，实现扶贫对象的有进有出、动态管理，为扶贫开发工作提供决策支持。建立精准管理工作机制，主要是改革财政专项扶贫资金管理机制和完善对扶贫对象的动态管理机制。改革财政专项扶贫资金管理机制要求各级政府要逐步增加财政专项扶贫资金投入，加大资金管理改革力度，增强资金使用的针对性和实效性。确保项目资金要到村到户，切实使资金直接用于扶贫对象。简化资金拨付流程，项目审批权限要下放到县。积极探索政府购买公共服务等有效做法。坚持和完善资金项目公告公示制度，积极发挥审计、监察等部门作用，加大违纪违法行为的惩处力度。完善对扶贫对象的动态管理机制是及时更新贫困户、贫困村、贫困县等信息，核实扶贫系统中的所有错误、缺项、漏项、重复信息等。

建立精准考核的工作机制是对贫困户和贫困村识别、帮扶、管理的成效的考核，以及对贫困县开展扶贫工作情况的量化考核，奖优罚劣，保证各项扶贫政策落到实处。建立精准扶贫考核机制主要是建立和完善贫困县约束和退出机制，明确贫困人口、贫困户、贫困村、贫困县的退出标准。对地方退出情况进行专项评估检查，对不符合条件或未完整履行退出程序的，责成相关地方进行核查处理。重点考核党政领导班子和地方政府扶贫责任落实情况以及扶贫成效，逐步建立以考核结果为导向的激励和问责机制。

在建立精准识别、精准帮扶、精准管理、精准考核的精准扶贫工作过程中，要注重解决扶贫过程中出现的突出问题。要注重解决村级道路畅通、饮水安全建设、危房改造、特色产业增收、乡村旅游扶贫、教育扶贫、卫生和计划生育改善、文化建设、贫困村的信息化建设等问题。在该过程中，同时也要加强组织领导和提供扶贫政策的保障措施：深化政府相关工作人员思想认识，明确政府的扶贫工作职责，强化扶贫责任的落实，完善政府的扶贫管理体制，加强基层组织建设，营造良好的扶贫环境。

二 祥云县精准扶贫机制

精准识别机制。祥云县对贫困人口的识别以农村人均纯收入低于 2300 元（2010 年不变价格）为主要标准，同时按照"两不愁、三保障"的要求对贫困人口进行识别。祥云县对贫困人口进行建档立卡，通过基层民主评议、乡镇人民政府审核、县扶贫办复审，经过三次公示，最终确定贫困户名单。然后将贫困数据录入云南省精准扶贫大数据管理平台，对扶贫对象、扶贫措施、扶贫成效、绩效考核、数据分析进行动态管理。

精准帮扶机制。祥云县实行"挂包帮""转走访"和建立驻村扶贫工作队的精准帮扶机制。"挂包帮""转走访"是领导挂点、部门包村、干部帮户，转作风、走基层、遍访贫困村贫困户的工作方法。在每个建档立卡贫困村设一支由县级以上挂包单位选派党员干部担任的，不少于5人、任期一年、全年在岗不少于200天的驻村扶贫工作队。祥云县实行重点企业挂包帮扶制度，分别搭建参与平台。建立和完善相应的组织动员、考核考评和激励等机制，积极动员社会力量参与脱贫攻坚（见图3-1）。

图3-1 祥云县精准扶贫工作路线图

精准管理机制。祥云县实行扶贫对象精准"回头看"，坚持"五查五看、五不录、六优先"和"三评四定"原则。"五查五看"即查收入，看家庭收入来源结构是否稳定；查住房，看住房是否安全稳固；查财产，看贫困程度；查家庭成员结构，看家庭供养情况；查生产生活条件，看基本生活状况。"五不录"即有机动车的不录，有新建住房的不录，有城镇商品房的不录，家庭有公职人员的不录，有较大实体产业的不录。"六优先"即有重病人的优先，有重度残疾的优先，有在校学生的优先，无壮劳力的优先，住危房的优先，重灾户优先。"三评四定"即内部评议、党员评议、村民评议；村委会初定、村民代表议定、乡镇审定、县确定。在对贫困户的动态管理中，将该纳入而未纳入的贫困户及时纳入，剔除不应纳入的贫困户并且及时退出脱贫户。

精准考核机制。祥云县制定了贫困户脱贫的6条标准、贫困村退出的9条考核标准、贫困乡镇退出的10条考核标准和贫困县退出的5条考核标准。分别从教育、产业、基本生产生活条件、贫困户人均可支配收入、贫困发生率等方面进行考核，并制定了贫困人口、贫困村、贫困乡镇、贫困县退出程序，使贫困户规范化退出。对驻村扶贫工作队员开展季度综合测评和考核，作为培养和选拔使用的重要依据之一。为了确保稳定脱贫，祥云县将扶贫政策保留至2020年以前。

三 祥云县精准扶贫的主要措施

祥云县在精准扶贫过程中，实施了产业精准扶贫、基础设施建设精准扶贫、教育精准扶贫、卫生精准扶贫、社会保障兜底、转移就业精准扶贫、易地搬迁扶贫与农村危房改造、小额信贷扶贫等措施进行脱贫攻坚。

（一）产业精准扶贫

祥云县通过上级拨款、县级政府拨款、企业帮扶、挂包单位帮扶、互助社资金和银行贷款等方式获得产业扶贫资金，来发展以核桃、蚕桑、蔬菜、薯类、生物制药、特色水果等为重点的种植业产业和以生猪、禽蛋、肉牛为重点的养殖业产业（见图3-2）。在扶贫产业建设中形成了自主经营发展、种畜种苗补助、寄养托管垫支和企业入股分红的产业发展模式。祥云县通过对抚育核桃幼林、发展林下经济实行林权抵押和经济林木（果）权证抵押贷款，进行林业产业扶贫。通过设立生态保护人员岗位，实施公益林管护基础设施建设，实施公益林森林生态效益补偿，实施新一轮退耕还林工程和改造低效林工程建设进行生态扶贫。针对无劳动能力的建档立卡贫困户（包括残疾农户），祥云县进行了光伏扶贫，农户不仅可以自己使用这些电能，并且可以通过将多余的电量卖给国家电网获得收入。祥云县对扶贫产业的发展给予了政策支持，特别是对建档立卡贫困户新发展的产业给予了帮助。对纳入产业项目覆盖区域的贫困户，除了享受该区域的产业扶持政策外，每户另外给予2000元补助。对未列入产业项目覆盖区域的，每户给予3000元补助。

图3-2 托牛入场

（二）基础设施建设精准扶贫

基础设施建设是贫困地区，特别是贫困山区基础比较薄弱的地方。水、路、网等基础设施的建设会打通贫困地区与外面世界交流的通道，将当地的资源运输出去换取收入，将外面世界新的生产生活方式、先进的农业科技传入并应用于农业生产，这对提高贫困地区的农民收入使他们脱贫致富起到了关键作用。祥云县对3个贫困乡和21个贫困村实施整乡推进及整村推进项目。整乡推进和整村推进项目专项扶贫资金分别安排了2000万和100万元，其中各自的70%用于基础设施建设。祥云县的基础设施建设主要集中在水、路、网三个方面。祥云县基础设施建设项目主要有：以建制村通硬化路、自然村通公路、农村客运和物流、农村公路安全防护、农村公路养护为重点的交通基础设施建设；以农村饮水安全、农田灌溉保障行动、防洪抗旱减灾、水资源开发保护、水生态保护建设为重点的水利基础设施建设；以农村电网升级改造和广播电视、宽带网络、通信信号覆盖为主的农村信息基础设施建设。这些项目的实施极大地改善了贫困户和当地农村的生产生活（见图3-3、图3-4）。

（三）教育精准扶贫

祥云县贫困农村地区办学成本较高，教学条件差，教师质量不高、数量不足，这是制约祥云县教育事业发展的

图 3-3　大仓村人居环境提升成效展示

图片来源：祥云县调研实地拍摄

图 3-4　住房外排污沟渠

图片来源：祥云县调研实地拍摄

重要因素。改善祥云县贫困农村地区的教育状况，对提高当地贫困人口素质，促进当地的经济社会发展，避免贫困的代际传递具有重要而深远的意义。祥云县在教育帮扶方面首先完善了建档立卡贫困户家庭学生档案和动态管理机制，精确识别每一个家庭困难的学生，坚持不让每一个适龄孩子因家庭困难上不起学，保障了适龄孩子享受九年义务教育的权利。其次是对贫困家庭子女学前教育阶段、义务教育阶段、高中教育阶段以及高中以后的学习阶段，按照不同方面的需求给予了营养改善、免教科书费用、寄宿生生活补助、助学金补助等不同方面不同标准的补助，并优先推荐从职业技术学院毕业的贫困家庭学生就业。最后是改善贫困地区的基本办学条件，大力推进贫困山区学校基础设施和教师队伍建设，推进义务教育学校的标准化建设。

（四）卫生精准扶贫

祥云县在卫生精准扶贫工作中，突出"三项重点""四个优先"，实施"三大倾斜"，即突出重点地区、重点人群、重点病种；坚持儿童优先、妇女优先、老年人优先、残疾人优先；实施健康扶贫工程、卫生计生重点项目、重点工作优先向贫困地区倾斜，医保制度向贫困户倾斜，对报销后自费困难的贫困户实行救助。在 17 个贫困村建立标准化卫生室，分别配备 2 名乡村医生。对特困群体实行"两提高、两降低"倾斜政策，提高新农合门诊报销水平、政策范围内住院费用报销比例提高 5% 以上，降低病残儿童、重度残疾人以及大病保险报销起付线，降低农村贫困人口大病费用个人实际支出。按照"以收定支，收支平衡"的原则，调整完善新农合报销政策。省、州、县、乡行政级别越低，起付线越低，报销比例越高。并将 22 类病种纳入重大疾病保障范围，不设起付线，最高报销比例达 90%。

（五）社会保障兜底

　　祥云县完善了低保制度。2016 年的农村低保标准为 3120 元，超过了国家标准线，实现了最低生活保障标准与扶贫标准相结合。实行分类施保，根据劳动能力、自理能力和家庭收入等情况分为 A、B、C 三类，对三类情况分别给予重点、基本、一般的生活保障并且实施动态管理，做到应保尽保、应退尽退。祥云县同时继续加大对"三丧失"特困群众的救助力度，将符合标准的全部纳入救助范围。继续加大城乡医疗救助力度，对参合参保人员全年共补助 17.5 万元。并且做好临时生活救助工作，对出于遭遇突发事件等特殊原因陷入贫困的人员救急救难，进行临时救助。祥云县落实了对农村贫困残疾人的帮扶，通过帮助残疾人自主创业和就医就学、增加对他们的安全住房建设补助、加大对他们的康复补助和生产生活保障力度，从而对残疾人进行社会保障兜底。

（六）转移就业精准扶贫

　　祥云县实行积极的扶持就业政策，通过组织劳动力转移就业专项招聘会、对吸纳贫困劳动力的企业给予扶持政策来促使贫困劳动力实现就业。在机关、事业单位等开发保洁、环卫等公益性岗位，优先安置贫困劳动力就业。祥云县通过开展农业技术培训、针对贫困劳动力的分类引导性培训和"五个一批"的专项技能培训，使贫困劳动力获得一技之长，帮助他们实现一人就业、全家脱贫；并强化了稳岗措施，保障贫困劳动力实现稳定就业。祥云县在实施转移就业过程中，加大了对贫困劳动力的创业扶持力度，鼓励贫困劳动力自主创业；鼓励和引导贫困群众共同成立、经营农民专业合作社等；鼓励创业成功的经济实体带动贫困劳动力就业，并优先给予这些创业成功的经济实体"贷免扶补"的政策扶持。同时，注重发挥创业园区的辐射带动作用，鼓励贫困家庭大学毕业子女去创业园工作。

（七）易地搬迁扶贫与农村危房改造

祥云县在解决贫困户住房问题上实行易地搬迁和安全稳固住房保障工程。遵守"保障基本"的原则，按照"厨卫入户、人畜分离"与"一户一宅、建新退旧"和户均不超过 120 平方米的要求，祥云县 2016 年易地搬迁工程共建立了 37 个集中安置点（见图 3-5），并给予易地搬迁的

图 3-5　大仓村易地搬迁新房外景

建档立卡贫困户 6 万元的补助，同时以在前三年贴息的方式给予 6 万元的贷款政策。对于随迁户也有一定的补助和贴息贷款政策。祥云县对列入安全稳固住房保障工程的需要分散安置的建档立卡贫困户也给予了 6 万元的补助和最高 6 万元的贴息贷款政策。同时对需要不同程度改善住房的建档立卡贫困户给予了不同程度的补助，并对未纳入该工程的但是需要重建住房的建档立卡贫困户，给予了可以向当地乡镇农村信用社申请 5 万元农村危房改造三年贴息贷款的政策，以保障他们的居住环境得到改善。

（八）小额信贷扶贫

小额信贷是为满足建档立卡贫困户发展产业所需资金而提供的贷款，具有贷款成本低、贷款期限长和贷款手续简便的特点。跟救济款不同，小额信贷款是需要偿还的。2016 年祥云县通过农业银行和信用社来提供小额信贷，提供小额信贷的标准是不超过 5 万元，期限不超过 3 年。祥云县政府通过补贴到户和直接贴息到银行的方式来扶持小额信贷，并表彰和奖励了在小额信贷扶贫中做出突出成绩的银行和保险公司。为了确保小额信贷资金的专款专用和建档立卡贫困户通过小额信贷资金发展产业脱贫致富，建档立卡贫困户扶贫责任人和贫困户共同选择适合他们自身发展的产业，贫困户通过参保政策性农业保险来防范风险。同时，祥云县在 19 个贫困村和 6 个非贫困村建立了扶贫互助社，集合了扶贫互助资金作为生产发展资金，保障了产业发展的资金来源。祥云县还实施了产金互助，将产业发展和金融保障结合起来，使建档立卡贫困户可以借助金融政策，通过入股分红实现增收。

第二节　大仓村致贫因素分析

　　大仓村位于祥云县下庄镇东部，是祥云县 21 个贫困村之一，区域面积 39.7 平方公里、森林面积 44498 亩，共辖 14 个村民小组、13 个自然村（寨），2016 年底有农户 1040 户 4023 人，耕地面积 2810 亩，人均占有耕地面积 0.8 亩，适合种植稻谷、玉米、烤烟、蚕豆等农作物。全村有建档立卡户 184 户 703 人，2014 年脱贫 50 户 211 人，2015 年脱贫 68 户 269 人，2016 年脱贫 36 户 139 人，目前剩余建档立卡贫困户 29 户 83 人，2017 年重点帮扶 16 户 50 人，初步测算 2017 年底贫困发生率可下降到 0.88%。

　　从表 3-1 和图 3-6 可见，大仓村的主要致贫因素包括生病、残疾、上学、缺土地、缺水、缺劳力、缺技术、缺资金、因婚以及其他一些方面的因素。其中，大仓村的主要致贫因素中疾病的影响和家庭劳动力的缺乏是制约当地贫困户脱贫的重要因素，分别占比 43.10% 和 25.86%。资金、技术、水资源、土地资源的缺乏，教育负担高、受残疾的影响和因婚致贫的因素占比相差不大，分别占比为 6.90%、3.45%、3.45%、1.72%、3.45%、5.17%、3.45%。

表 3-1　大仓村主要致贫因素占比

单位：%

主要致贫原因	生病	残疾	上学	缺土地	缺水	缺技术	缺劳力	缺资金	因婚	不清楚
占比	43.10	5.17	3.45	1.72	3.45	3.45	25.86	6.90	3.45	3.45

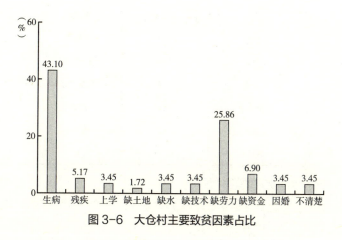

图 3-6　大仓村主要致贫因素占比

　　在对大仓村主要致贫因素的调查过程中，调研组还对大仓村次要的致贫因素进行了调查，从而从多个维度全方位了解贫困户陷入贫困的因素，使得扶贫措施在有针对性的同时可以更加全面。从表 3-2 和图 3-7 可以看出，在大仓村次要的致贫因素中，生病和缺劳力仍然是最重要的致贫因素，分别占比 21.51% 和 17.20%，其次，在次要的致贫因素中，缺技术和缺资金也是较为重要的致贫因素，均占比 15.05%。然后，大仓村的次要致贫因素还包括上学、灾害、缺水、残疾、因婚、缺土地、交通条件落后、危房、自身发展动力不足等因素，分别占比为 9.68%、6.45%、2.15%、2.15%、2.15%、1.08%、1.08%、1.08%、

1.08%。还有一部分被调查户没有次要的致贫因素，该部分被调查户所占比重为 4.30%。

表 3-2　大仓村次要致贫因素占比

单位：%

次要致贫原因	占比	次要致贫原因	占比
生病	21.51	缺劳力	17.20
残疾	2.15	缺资金	15.05
上学	9.68	交通条件落后	1.08
灾害	6.45	自身发展动力不足	1.08
缺土地	1.08	因婚	2.15
缺水	2.15	危房	1.08
缺技术	15.05	无	4.30

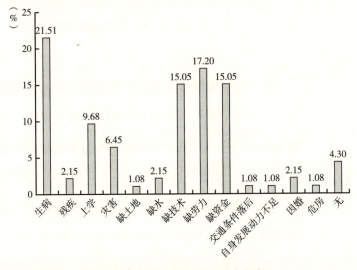

图 3-7　大仓村次要致贫因素占比

经入户调查分析可知，大仓村患有疾病的贫困户平均年龄为 54 岁，患病不严重的占比为 9.46%，患病程度为一般严重的占比为 24.32%，患病程度为较严重的占比为

66.22%。贫困户家庭报销部分医疗费后自费看病支出每年平均为5842元，贫困户家庭年均净收入为12909元，贫困户家庭看病支出占该净收入的45.26%。大仓村贫困户主要是患脑溢血、脑梗等较严重的疾病以及风湿、腰间盘突出、高血压等一些久治不愈的长期慢性病。这使得贫困户家庭医疗负担过重，陷入了贫困之中。

从表3-3和图3-8可见，大仓村家庭贫困人口中主要是四口之家，占比为34.48%，贫困家庭人口数为1人、2人、3人、5人、6人、7人的占比分别为3.45%、8.62%、22.41%、17.24%、12.07%、1.72%。但通过对问卷的详细分析可知，大仓村的四口之家并非平常的一对夫妻两个孩子。从问卷上可知，贫困家庭人口为1人的一般是大龄未婚男青年；贫困家庭人口为2人的，家庭成员为一位老人和一位大龄未婚儿子的占比为20%，是两位老人的占比为40%，是一位离异的中年男性和一名未成年孩子的占比为40%；贫困家庭人口为3人的，家庭成员为两位老人和一名大龄未婚儿子的占比为61.54%，为一位老人和两位大龄未婚儿子的占比为15.38%，为两位老人和一个孙子的占比为7.69%，是离异单亲和两位孩子的占比为7.69%，为离异单亲祖孙三代的占比7.69%；家庭人口为4人的，家庭成员为青壮年夫妻俩和两个孩子的占比为60%，为年老夫妻和两位大龄未婚儿子的占比为10%，为年老夫妻俩、离异的儿子和一个孙子的占比为15%，为年老夫妻俩、父母一方和一个未婚儿子的占比为5%，为夫妻俩和一个孩子、一位老人的占比为5%，为一位中年人、父母一方和两个孩子的占比为 5%；家庭人口为 5 人的，家庭成员为青壮年夫妻和一位老人、两个孩子的占比为 60%，为两位老人和一对夫妻、一个孩子的占比为 30%，为一对老人和离异或丧偶的儿子及两个孩子的占比为 10%；家庭成员为 6 人的，家庭成员为一对老人和一对夫妻、两个孩子的占比为 57.14%，为一对老人和一个儿子一家三口、一个未婚儿子的占比为 28.57%，四代同堂占比为 14.29%；家庭人口为 7 人且四代同堂的占比为 1.72%。由上面的分析可知，大仓村贫困户家庭成员大龄未婚男性较多，平均年龄在 35 岁，最高的达 51 岁。山区较为封闭落后，结婚的成本较高，婚姻不稳定，在入户调查过程中，有些贫困户家庭出现了妻子出走的现象，大仓村因婚致贫的现象在致贫因素中还是占据了一定比例的。

表 3-3　大仓村贫困人口家庭成员占比

单位：%

家庭成员数	1 人	2 人	3 人	4 人	5 人	6 人	7 人
占比	3.45	8.62	22.41	34.48	17.24	12.07	1.72

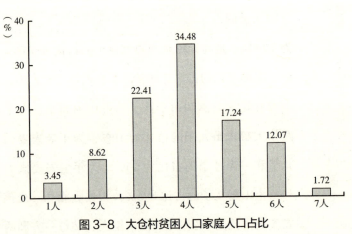

图 3-8　大仓村贫困人口家庭人口占比

从表3-4可见，大仓村贫困家庭平均务工人数较少。家庭人数为1人的贫困户四舍五入后的平均务工人数为1人，实际不到1人，有的家庭务工人数为零。并且，被入户调查的家庭为1人的贫困户是青壮年劳动力，说明有自身发展动力不足的贫困户存在，这些贫困户的存在原因：首先，这些人员家庭确实贫困；其次，这些人员"等、靠、要"思想严重，不思进取，想要不劳而获。家庭人口为2人、3人、4人、5人、6人、7人的家庭平均务工人数为0人、1人、1人、1人、2人、2人。由上文可知，大仓村家庭人口为3人、4人、5人、6人的占比较高。而大仓村家庭平均务工人数主要是1人，最多为2人，还有零的存在，这说明大仓村的家庭供养负担较重。大仓村的村民主要从事农业生产，家庭收入较低，人均收入不足，储备资金很少，家庭如果有学生在上学或家庭成员突发疾病或者遭遇意外事故，则该家庭非常容易陷入教育贫困、因灾贫困、因病贫困之中。同时，外出务工的一般是青壮年劳动力，大仓村居住人口主要是老弱病残群体，发展农业产业的劳动力和技术人员较为缺乏。

表3-4 大仓村贫困家庭务工情况

单位：人

家庭人口	1	2	3	4	5	6	7
平均务工人数	1	0	1	1	1	2	2

从表3-5可见，大仓村贫困人口中文盲、小学文化程度的共占比73.21%，初中文化程度占比21.43%，高中、

中专和大专及以上文化程度的共占比 5.36%。大仓村贫困人口的文化程度较低，文化程度对贫困的影响首先表现在贫困的代际传递。贫困人口受教育程度较低，对通过教育改变贫困的认知能力不太强，缺乏对孩子的教育，使得下一代也只能继续遵循父辈的生产生活方式和思想观念来过活，这样的家庭容易陷入贫困的循环之中。大仓村被访贫困户中，未成年辍学占比为 6.25%，辍学后主要是在家闲着或者外出打工。

表 3-5 大仓村贫困户受教育情况

单位：%

文化程度	文盲	小学	初中	高中	中专	大专及以上
占比	18.75	54.46	21.43	1.79	1.34	2.23

从表 3-6 可见，大仓村被访贫困户中，遭受过自然灾害的占比为 39.66%，遭受过意外事故的占比为 3.45%。经访问得知，大仓村贫困户遭遇到的灾害主要是自然灾害，遭遇的意外事故主要是突发的疾病。大仓村遭受的自然灾害主要为雪灾和旱灾，这给当地一般农户和贫困户的农业生产带来了较大的经济损失。同时，大仓村多产的烤烟遇到了销售难的问题，多产的烤烟只能低价销售或者销毁，给种植烤烟的一般农户和贫困户都带来了较大的经济损失。2016 年，大仓村遭受自然灾害的贫困户平均损失为 4767 元，遭遇意外事故的贫困户平均损失为 4743 元。农民预防自然灾害风险的能力较弱，只能被动地接受农业自然灾害带来的经济损失，大仓村也不例外。再加上大仓

村位于高原山区，自然条件较为复杂、多变，对自然灾害的预防较为困难。对于突患疾病带来的贫困，更是天灾人祸、无法预料的事情，而这些事情比较容易出现在更弱势的群体中。

表3-6　大仓村贫困户遭受灾害情况

单位：%

类型	自然灾害	意外事故
占比	39.66	3.45

从表3-7可见，大仓村贫困户土地经营面积中有效灌溉耕地占比为55.53%，旱地占比为28.78%，园地占比为13.37%，林地占比为1.37%，牧草地占比为0.95%。大仓村贫困户的土地经营类型主要是有效灌溉耕地和旱地，但是大仓村缺水较为严重，农业灌溉受到一定的影响。通过问卷可知，大仓村的贫困户土地经营面积户均3.65亩，按照一户4口人计算，人均0.91亩，人均占有量较低。农户所有土地经营类型加总后的土地块数平均值约为10块，大仓村位于高原山区，土地具有块小、分散、土壤肥力低的特点。大仓村贫困户的土地流转（包括流转入和流转出）户均0.62亩，户均年流转租金为77.84元，流转面积小并且流转租金低，难以规模化、商品化经营。在入户调研过程中了解到，存在有些贫困户流转出土地但是未收租金的现象，主要是由于这部分农户无力经营土地或者土地经营效益低而放弃土地经营。综上所述，大仓村进行农业生产的土地资源不足，该地农户难以从土地资源上获得较多的收入以实现脱贫致富。

表3-7　大仓村贫困户土地经营类型

单位：%

经营类型	有效灌溉耕地	旱地	园地	林地	牧草地
占比	55.53	28.78	13.37	1.37	0.95

　　大仓村还有部分贫困户是因为缺少技术和资金，资金、技术、劳动力等生产要素具有向回报率较高的城市聚集的特点，农村地区吸引这些生产要素的能力比较弱。同时，农村有能力、有资本或者有劳动力的家庭通过对产业的投资等方式已经优先发展起来。农村贫困人口是农村较为弱势的群体，资源禀赋不足，使得他们难以获得资金、技术、劳动力等要素以实现脱贫致富。大仓村贫困人口的收入只能实现温饱，并没有多余的资金等要素来发展生产脱贫致富。同时，农业生产技术在农村的推广不足，农户接受的农业生产技术培训较少。比如，科研院所研发了一种新的玉米品种，农户会去购买新研发的玉米品种进行种植以期实现农作物高产，农户以一种间接的方式接受农业科技的创新，但是农户一般不会接受到怎样改善播种环境来提高玉米产量的培训。毕竟玉米的高产不仅仅是品种所决定的，农户的生产技术依然得不到提升。农业生产需要农业科技的支撑，改善农作物或者经济作物的温度、湿度、热度、光照、土壤营养等，生产出更好的农产品，可以实现增收的目的。

　　大仓村的交通致贫因素并不是贫困户家庭自身的原因，而是由大仓村的地域条件所决定的。大仓村地理位置偏远，位于高寒山区，水、电、网、路等基础设施条件比较差，制约着贫困户与外部的交流。大仓村因交通致贫的贫困户，首先是想要利用当地特色资源发展农业产业的农户，因交通不便无法将农产品运输到山外市场获得收入或者因运输成本高于收入不得不放弃产业的发展。其次是想要外出务工，却无法走出大山，只能依靠农业经营维持温饱的农户。交通的不便还使得贫困人口获得外部生产生活资料的成本比较高。大仓村的交通因素还阻碍着当地青少年对优良教育资源的渴求，阻断了当地旅游资源的开发，阻断了大山里的人们对外面世界的认知。交通因素对当地贫困的影响是多方面的、深远的。交通的不便不仅仅使得贫困人口无法获得外部资源来脱贫致富，更使得当地落后于大山外面的社会发展大潮。

因房致贫的人群主要是房屋的居住条件较差，已经威胁到居住人口的安危，而他们没有多余的资金建新房而只能一直居住下去。为保障这部分人群平等的生存权和发展权，需要给予他们帮扶。大仓村的村民房屋主要是具有民族特色的土房或者木质结构的住房，土房和木质结构的住房具有易摧毁、使用年数短的特点。大仓村因房致贫的贫困户主要是居住在山脚下易发生滑坡泥石流等自然灾害的人群或者房屋已经有裂缝、会漏水，经认定其家里的住房属于危房的人群，还有一部分是确有改善房屋需求的人群。因房致贫的人群同时也是村里经济状况较差、家庭劳动力不足、年老体弱或者家庭供养负担较重的人群。因房致贫的人群中有一部分人住的还是父辈居住的已经有几十年房龄的老房子，房屋年久失修，容易损毁。这些人群通过自身的力量来改善住房的经济能力较弱，因此当前需要被帮扶。

第三节 大仓村精准扶贫取得的成效

一 贫困户收入得到提升

从表 3-8 可见，2016 年大仓村的一般贫困户、低保户和脱贫户占比分别为 41.38%、24.14% 和 34.48%。其中，一般贫困户占比最高，大仓村的贫困户主要是因缺资金、缺技术、缺劳力、交通、住房等一般因素致贫，其次是因老弱病残致贫。脱贫户占比较高，这说明大仓村在脱贫攻坚中做出了较大的努力，同时取得了一定的成效。

表 3-8　大仓村贫困状况

单位：%

类型	一般贫困户	低保户	脱贫户
占比	41.38	24.14	34.48

从表 3-9 可见，大仓村受访贫困户现在的人均月收入多为 2000~3000 元，经过产业扶贫、易地搬迁、基本生

产生活条件的改善等措施大仓村的家庭人均月收入有所提高，使得部分人员走上了脱贫致富的道路（见图3-8）。

表3-9 大仓村贫困户受帮扶后的月人均收入

单位：元

家庭人口	1人	2人	3人	4人	5人	6人	7人
月人均收入	2935.00	2073.75	1772.33	3039.5	1975.58	3480.75	580.33

图3-8 访谈贫困户之一

访谈案例一：李光伦，大仓村建档立卡户，男，43岁，小学文化程度。家里有5口人，有父母、妻子和儿子。李光伦和妻子在外打工，其父母在村里务农带孩子，其儿子在家里读小学。李光伦家的主要致贫原因是其母亲得了脑梗。李光伦家主要得到了医疗方面的帮扶，除此之外，其生产生活条件通过被帮扶也得到了较大的改善。在一系列帮扶措施下，李光伦家的收入也高于5口之家的平均水平。2016年其家庭纯收入为47800元，其中工资性收

入为 20000 元，农业经营净收入为 25000 元，转移性收入
为 2800 元。当问到他对他家收入感到满不满意时，他说
还是比较满意的。通过访问也可以了解到，他对现在的生
活状况比较满意。因为跟 5 年前相比，现在他家的生活状
况变好了很多。他觉得 5 年以后的生活也会变得好很多。
他对未来的幸福生活充满了希望。

二 村民对国家扶贫政策比较满意

大仓村脱贫取得的成效主要得益于政策优势，我国的
扶贫特点是政府主导下的多方参与扶贫。各级政府在基础
设施、产业扶贫、金融扶贫、社保兜底等方面不仅给予大
仓村资金支持，还派遣党员干部"挂包"帮贫困村、贫困
户脱贫，鼓励企业和社会力量参与扶贫，形成全社会扶贫
的巨大合力，这对大仓村到 2020 年如期脱贫具有重要且
深远的意义。在帮扶措施方面，大仓村从多个维度进行扶
贫，坚持县扶贫办要求的"七个一批"扶贫工程，做到了
发展产业脱贫一批、转移就业脱贫一批、易地搬迁脱贫一
批、改善基础设施脱贫一批、发展教育脱贫一批、普惠金
融脱贫一批和社保兜底脱贫一批。比如在产业扶贫方面，
对建档立卡户中有意愿发展产业的给予贴息贷款、现金扶
持、种苗补助等方面的扶持，实现了对建档立卡户产业扶
持的全覆盖。大仓村 2016 年发展种植了冬桃 1200 亩和红
梨 300 亩，并套种辣椒 1500 亩。

图 3-9　访谈贫困户之二

　　访谈案例二：李成荣，建档立卡贫困户，男，62
岁，家里有三口人，老两口和他们的儿子。李成荣一家
均在家务农。李成荣家在 2014 年成为建档立卡贫困户，
主要致贫原因是生病和缺技术。2016 年，李成荣家得
到了综合的帮扶措施，享受到发展生产、易地搬迁、基
础设施建设、公共服务和社会保障（教育、医疗、低保
等）等扶贫措施。享受到的产业扶贫类型是养殖业和种
植业，养殖业是养猪，种植业是种植冬桃，得到的扶持
方式是资金和技术方面的帮扶。李成荣说对自家得到的
产业扶贫项目比较满意，对这些产业项目的扶持效果也
比较满意。李成荣家享受了易地搬迁政策，人居环境得
到了较大的改善，其对搬迁的效果非常满意。李成荣
家得到的基础设施建设方面的帮扶措施主要是自来水入
户、建立蓄水窖、通入户路，其对基础设施建设方面的
帮扶措施也是比较满意的。除此之外，李成荣家 2016

年还得到了 4000 元的疾病救助、1680 元的低保金和 900 元的养老金。总体来讲，李成荣家对国家的扶贫政策是非常满意的。

三 易地搬迁取得较好的成效

大仓村易地搬迁扶贫共安置了 21 户农户，搬迁户中为建档立卡贫困户的有 14 户，构建的新房主要是彝族传统民居，做到了厨卫入户、人畜分离。一处易地搬迁住房成本大约为 85000 元，贫困户补助 6 万元，加上贫困户贴息贷款 6 万元，这些资金除了满足建房的需求之外，还可以使他们添置生活家电等。有些农户和贫困户已经搬入易地搬迁安置点，生活生产条件得到较大的改善。比如，之前烧柴草做饭，现在是用电做饭；之前使用的是传统旱厕，现在使用的是卫生厕所；搬迁户安置点实现了网络全覆盖，管道供水入户。搬迁户现在使用的是经过净化的自来水，大仓村同时给搬迁的家庭配备了污水处理设备——中国罐，生活污水经该设备处理后可以循环利用，改变了他们以前吃水用水困难的状况。除此之外，大仓村给搬迁家庭配备了分类处理的垃圾桶，搬迁户的家庭垃圾统一集中到村里的垃圾车里，然后对生活垃圾进行集中处理。大仓村在安置点全面建设水、电、路、网、住房等基础设施，全面改善了搬迁户的生产生活条件和人居环境。易地搬迁安置点不远处就是配套的产业大棚，保障贫困户搬得出、稳得住，使得贫困户可以实现稳定脱贫。

图3-10 访谈贫困户之三

访谈案例三：李金昌，大仓村建档立卡户，男，52岁，初中文化程度，家里有3口人，老两口和一个女儿，老两口在家种田为生，女儿在昆明打零工。李金昌家享受了易地搬迁政策，在易地搬迁集中安置点有了一套自己的房子，2016年已经搬入了新住房。李金昌家还有一处搬迁前的老房子，老房子建造至今已有100年的历史，房屋墙体已经裂开，不能继续居住下去了，所以他家享受了易地搬迁政策。李金昌告诉调研人员，他家建造易地搬迁新住房时是享受"6+6"政策的，当地政府补助了6万元，自家贷了6万元，然后自家出资花费2万多元，建新房总共花了14万多元。当调研人员问"您对现在的住房是否满意"时，李金昌回答说"很好，非常满意"。李金昌告诉调研人员，现在的住房状况很好，新房差不多有140平方米，是楼房，而且保留了彝族的建筑风格。新住房有独立浴室，还安装了太阳能，厕所是卫生厕所。新房实现自来水管道入户，还配备了污水处理器——中国罐，实现了循环节约用水。现在也开始用电做饭了，柏油路通到了每家每户的家门口，搬迁点还全部免费安装了无线网。家里的卫生搞得也很好，村里有垃圾车，家里的垃圾倒入村里的垃圾车里，然后村里组织把垃圾拉走。他对现在的住房和居住环境总体是非常满意的。

四 居住环境得到改善

大仓村的整村推进政策不仅仅使得贫困户的人居环境得到了较大改善，也使得非贫困户的人居环境得到改善。大仓村居住环境的改善，主要体现在村容村貌有了较大的改善。大仓村对垃圾采用"户集、村收、镇运"的垃圾集中处理模式，有垃圾车、垃圾池、垃圾箱、垃圾桶、垃圾焚烧炉等垃圾处理设施。经过垃圾整治以后，大仓村村庄道路干净整洁，路障、柴草、垃圾、杂物等比较少见。针对道路和污水问题，2016年大仓村实现了村内主要道路全部硬化，主要道路两侧及房屋四周有排水沟，及时清理边沟，定期清挖排水沟，做到了边沟洁净，排水畅通，大大减少了村里污水带来的环境问题。大仓村对主干道路两侧住宅外墙立面进行清洁美化，倡导乡村环境保护以及文明生活。大仓村还制定了村规民约，增强村民"创造优美生活环境，从我做起，从小事做起"的责任意识，逐步养成卫生、文明的生活习惯，不断提升村民的自身素质。

　　访谈案例四：朱家护，大仓村非贫困户，男，68岁，家里有六口人，朱家护老两口、儿子儿媳和两个孙女。朱家护老两口在家务农，儿子儿媳在外打工，两个孙女分别在外上大专和初中。朱家护家现在有两处住房，一处老房子和一处新房子。新房子是自家在2015年建造的。新房子是一座钢筋混凝土结构的二层楼房，新房里安装了太阳能和宽带，离硬化路比较近。现在饮用的水源是经过处理的自来水，并且管道入户，平时不存在饮水困难。现在主要是用电做饭，有时会用柴草做饭。厕所不再是传统的旱厕，而是卫生厕所。当调研人员问"您对自己家周围居住环境是否满意"时，朱家护说对现在的居住环境还是比较满意的。朱家护还告诉调研人员，他们这里没有水污染、空气污染、噪音污染和土壤污染等。村里的垃圾桶到处都是，垃圾都是定点堆放的，也没有什么垃圾污染。居住环境和生活条件都得到了较大的改善！他们家对现在的生活比较满意。

第四节　大仓村精准扶贫精准脱贫过程中存在的问题

一　存在识别不精准现象

祥云县以农村居民人均纯收入低于 2300 元（2010 年不变价）为主要标准，同时对照"不愁吃、不愁穿，义务教育、基本医疗和住房安全有保障"的要求开展建档立卡贫困人口识别。但是在大仓村仍有部分非贫困户反映不应该得到帮扶的人却得到了帮扶，如户主为 44 岁的一户，一家四口有 4 个劳动力，但却享受低保；同组村民家有位老人，自己的孩子负担不了，自身又无劳动力，却没享受到低保政策。大仓村在精准识别上还是存在一定的问题。这也是全国扶贫中普遍存在的问题，主要在于贫困户是通过民主评议的方式评选出来的，有研究表明，民主评议方式识别出来的贫困户的识别错误率接近50%。

二　土地难以规模化生产

2016 年全县土地流转 1 万亩，带动贫困人口 1691 人实现人均可支配收入增加 219 元。大仓村土地比较分散，土地流转的数量较少，租金收入不等，有 200 元 / 亩、400 元 / 亩等，但租金总体偏低。大仓村的农业生产主要是以家庭为单位进行的，难以规模化经营。大仓村 2015

年发生了水灾和雪灾，这给许多农户的农业经营（主要是玉米和烤烟）收入带来了损失，少则 1000 元，多则上万元。大仓村的农业生产主要还是靠天吃饭，农业科技方面还比较落后，防灾害技术落后。有些农户为了不抛荒将租不出的土地白给别人种。人们的主要收入是外出打工所得。如何加大土地流转力度，通过土地的规模化生产来发展产业，带动就业，进一步促进贫困户增收脱贫，是大仓村需要着重努力的方向。

三 产业扶贫中部分产品难以销售

大仓村种植的的烤烟是由红塔集团按合同定量收购的，每亩收购 135 公斤。多种的烤烟低价销售或者销毁，这给种植烤烟的非贫困户和贫困户带来了较大的经济损失，少则 3000 元，多则上万元。如接受调研的一户农户告诉调研人员，企业定量收购价格是 29~30 元 / 公斤，多产的烤烟的价格是 1 元多每公斤。该农户家 2015 年多产的未销售出的烤烟存到了 2016 年，无库房继续储存了，便烧掉了一部分，损失了 1 万多元。烤烟销售的问题还有待解决，要确保烤烟能销，销时能保证非贫困户和贫困户挣到钱。大仓村的农民主要收入来源是外出打工收入，村里的青壮年劳动力大部分在外打工，扶贫的产业劳动力供给不足，这也是大仓村在扶贫过程中应该注重解决的问题。

四 非贫困户易产生不平衡心理

祥云县的扶贫政策是惠及非贫困户的整乡推进、整村推进政策，水、电、网、路等基础设施建设，污水处理、垃圾处理等扶贫措施都直接或者间接使非贫困户受益。然而在调研过程中，依然会有部分非贫困户看到一些建档立卡户得到帮扶后脱贫致富感到心理不平衡，认为自家更需要帮扶。无论是家庭有贷款或借款的贫困户还是非贫困户，贷款或借款的主要用途是建住房，在同样需要改变住房的状况下，受到帮扶的贫困户无压力地建起了两层小别墅，未受到帮扶的非贫困户却要负债累累，几年甚至十几年都有还钱的压力。这会挫伤非贫困户的生产积极性和激发未得到帮扶的农户与村干部之间的矛盾。也存在经过帮扶后，懒汉"富裕"，勤劳的农户反而挣扎在贫困线边缘的情况。在对贫困户的帮扶过程中要充分考虑贫困线边缘的非贫困户和勤劳致富的农户的感受，如住房搬迁，重在安全和满足贫困户基本的居住需求，帮扶的力度不能过高，不可使未得到帮扶的非贫困户和通过帮扶脱贫致富的农户家庭生活差距过大。

五 干部带动扶贫的力度小

大仓村被访农户家中主要劳动力的文化程度大部分是小学或文盲，留守在家或出去打工的青壮年劳动力文化程度也较低。农村的脱贫仅仅靠贫困户本身是无法完成的，需要有人带动，村委会、村民小组等基层组织与农村村民的联系最为紧密，对村民的家庭情况也最为熟悉，而大仓村村干部对建档立卡户的信息却不太清楚。通过对大仓村非贫困户和贫困户的访问，了解到大仓村的村干部在宣传扶贫政策方面做得比较好，告知了非贫困户和贫困户对于贫困人口国家是给予帮扶的，但并未跟贫困户具体解释每一项政策的含义。被访问的非贫困户和贫困户中有许多不太清楚自己享受的是什么政策。在扶贫过程中，大仓村村干部是扶贫政策的具体执行者，高效地发挥其作用对该村的脱贫攻坚具有重要意义。但是大仓村党员干部带领贫困户脱贫致富的带头作用并不太明显。

六　易地搬迁未能全面覆盖贫困人口

　　大仓村易地搬迁资金补助是"6+6"模式，即政府补助贫困户 6 万元，贫困户可以从信用社或者银行获得 3 年的贴息贷款 6 万元，建房其余的钱需要贫困户自己出。贫困户已经陆续搬入建好的易地搬迁安置点，需要进行危房改造的贫困户危房改造工程也陆续完成。但是在问卷访谈中有部分贫困户反映自家住房有问题，但未得到易地搬迁帮扶，却得到了产业帮扶。如该村有一位独居老人，无劳动能力，家里儿子常年在外打工，两年未跟家里联系。自己的住房已倒塌，向村委会人员反映了，但住房问题一直未得到解决，所以一直寄居在女儿家。还有一户村民，居住在易发生山体滑坡和泥石流的山脚下，拿不出需自出资金的那部分钱，也一直未搬迁。大仓村的异地搬迁政策需要被帮扶农户有一定的发展能力或者有一定的资金。而那些生存环境受到了威胁，但没有发展能力或者没有储备资金的农户，应该享受政府的兜底扶贫政策，以保障他们的生存安全。

第四章

大仓村精准扶贫农户满意度影响
因素分析

第一节 满意度分析的重要性

精准扶贫实施以来，云南省和祥云县各级政府不断加大对大仓村的扶贫力度，贫困人口逐年减少，村容村貌得到了巨大改善，精准扶贫工作取得了巨大成就。但当前的精准扶贫过程中仍存在一些问题，需要在仔细分析的基础上加以改进。精准扶贫的直接对象就是贫困户和村民，满意度是衡量精准扶贫绩效的最重要指标。贫困户的收入增加情况、生活环境的改善情况、生产条件的改善情况、医疗条件的改善情况、子女教育的便利性、致贫原因、对扶贫项目的参与情况等都会在某种程度上影响精准扶贫农户的满意度。把精准扶贫的满意度列为精准扶贫的重要考核指标，首先是为了准确甄别贫困人口"被脱贫"的情况，同时，也可以将实际脱贫与"数字脱贫""表格脱贫"区别开来。此外，根据影响群众满意度的主要因素，对精准扶贫政策进行深入分析，也可以及时纠正之前扶贫工作中出现的问题，及时调整不合理的扶贫措施，推进精准扶贫工作的深入开展。在做满意度评价时应注意，影响精准扶贫满意度的指标并不仅限于经济水平的提高，个人的心理获得感、教育医疗水平的提高等都是影响精准扶贫满意度的重要因素。因此不能用简单的统计数据反映满意度，需要选取合适的指标与方法，对大仓村精准扶贫农户的满意度进行全面的衡量与测度。

第二节　资料来源与研究方法

一　模型选择

本文构建的实证分析模型如下所示：

$$Y = \alpha + \beta_i X_i + e$$

Y 表示农村居民精准扶贫项目满意度，X 为系统地影响 Y 变化的因素。e 为随机误差项，表示除 X 以外的所有影响 Y 的因素。α 和 β 为参数。其中，X 变量主要包括是否为建档立卡户、收入是否增加、基本生活条件是否改善、农业生产条件是否改善、环境是否改善、医疗卫生是否改善、就业是否改善、教育是否改善、住房是否改善、民主意识是否增强、本村的扶贫项目是否合理、本村的扶贫项目效果如何这 12 个指标。建档立卡户由于直接享受了扶贫项目，对精准扶贫项目的满意度要高于非建档立卡户；精准扶贫项目实施后，大仓村被访农户收入的增加、基本生活条件的改善、农业生产条件的改善、环境的改善、医疗卫生的改善、就业的改善、教育的改善、住房的改善、民主意识的增强会使得他们对精准扶贫项目的满意度较高；大仓村被访农户认为本村的扶贫项目是合理的，本村的扶贫项目效果比较好时对精准扶贫项目的满意度会比较高。

二 资料来源

（一）问卷情况

2017 年 3 月，课题组对云南省大理白族自治州祥云县大仓村进行调研并做了问卷调查。一共发放了 150 份问卷，收回了 150 份问卷，其中有效问卷为 148 份，有效问卷率为98.67%。

（二）受访者的基本统计特征

在 148 份有效问卷中，农户男性占比为 97.30%，女性占比为 2.70%，男性多，女性少；45 岁以下农户占比为 31.08%，45~59 岁农户占比为 46.62%，60 岁及以上农户占比为 22.30%。被访农户主要是青壮年劳动力，村干部占比为 6.08%，离退休干部职工占比为 0.68%，教师医生占比为 1.36%，普通农民占比为 91.88%，被访农户的主要工作是务农；小学及以下文化程度占比为 16.25%，初中占比为 57.42%，高中占比为 24.32%，中专（职高技校）占比为 2.72%，大专及以上占比为 0.68%，被访农户中文化程度较低（见表 4-1）。

表 4-1 受访者的基本统计特征

单位：%

项目	分类	比例
性别	男	97.30
	女	2.70
年龄	45 岁以下（青年）	31.08
	45~59 岁（中年）	46.62
	60 岁及以上（老年）	22.30
职业	村干部	6.08
	离退休干部职工	0.68
	教师医生	1.36
	普通农民	91.88
文化程度	小学及以下	16.25
	初中	57.42
	高中	24.32
	中专（职高技校）	2.72
	大专及以上	0.68

三　变量设置

（一）变量定义

表 4-2 中，因变量设置为农户对精准扶贫项目的满意度（Y）。自变量设置为 12 个指标，分别为是否为建档立卡户（X_1）、家庭收入是否增加（X_2）、基本生活条件是否改善（X_3）、农业生产条件是否改善（X_4）、居住环境是否改善（X_5）、医疗卫生是否改善（X_6）、就业是否改善（X_7）、教育是否改善（X_8）、住房是否改善（X_9）、民主意识是否增强（X_{10}）、本村的扶贫项目是否合理（X_{11}）、本村的扶贫项目效果如何（X_{12}）。其中，农户对精准扶贫项目的满意度（Y）、本村的扶贫项目是否合理（X_{11}）和本村的扶贫项目效果如何（X_{12}）这三个指标设定为多分类变量；是否为建档立卡户（X_1）、家庭收入是否增加（X_2）、基本生活条件是否改善（X_3）、农业生产条件是否改善（X_4）、居住环境是否改善（X_5）、医疗卫生是否改善（X_6）、就业是否改善（X_7）、教育是否改善（X_8）、住房是否改善（X_9）、民主意识是否增强（X_{10}）这些指标设定为二分类变量。

表 4-2　变量定义

因变量	赋值
农户对精准扶贫项目的满意度（Y）	非常满意 =1；比较满意 =2；一般 =3；不太满意 =4；很不满意 =5
自变量	赋值
是否为建档立卡户（X_1）	是 =1；否 =0
家庭收入是否增加（X_2）	是 =1；否 =0

因变量	赋值
基本生活条件是否改善（X_3）	是 =1；否 =0
农业生产条件是否改善（X_4）	是 =1；否 =0
居住环境是否改善（X_5）	是 =1；否 =0
医疗卫生是否改善（X_6）	是 =1；否 =0
就业是否改善（X_7）	是 =1；否 =0
教育是否改善（X_8）	是 =1；否 =0
住房是否改善（X_9）	是 =1；否 =0
民主意识是否增强（X_{10}）	是 =1；否 =0
本村的扶贫项目是否合理（X_{11}）	非常合理 =1；比较合理 =2；一般 =3；不太合理 =4；很不合理 =5
本村的扶贫项目效果如何（X_{12}）	非常好 =1；比较好 =2；一般 =3；不太好 =4；很不好 =5

是否为建档立卡户（X_1）可以从问卷中直接获取。

家庭收入是否增加（X_2）是根据问卷中"你觉得你们家 2016 年收入怎么样"和"你对你家的家庭收入满意吗"两个指标来判断的。农户如果觉得他们家 2016 年收入一般、较低或者非常低，并且对其家庭收入的满意状况为一般、不太满意或者很不满意时，则可以判断其家庭收入并未增加。农户如果觉得他们家 2016 年收入一般、较高或者非常高，并且对其家庭收入的满意状况为比较满意或者非常满意，则判断其家庭收入得到了增加。

基本生活条件是否改善（X_3）指标是从问卷中的住房状况、离最近硬化公路的距离、是否存在饮水困难这三个方面进行评价的。只要同时满足住房状况一般或者良好、离最近硬化公路的距离小于 100 米、不存在饮水困难这三个条件，则说明基本生活条件得到了改善。

农业生产条件是否改善（X_4）主要从农业补贴状况、农业耕作机械拥有情况、2016 年农户家是否因自然灾害发生财产损失这三个方面评价的，同时满足收到了农业补贴款、拥有农业耕作机械、2016 年农户家里没有因自然灾害发生财产损失中的任意两个方面，则说明农户的农业生产条件得到了改善。

居住环境是否改善（X_5）是从问卷中"对你家周围的居住环境满意吗"和家周围有没有水污染、空气污染、噪音污染、土壤污染、垃圾污染来评价的。如果农户对其家周围的居住环境感到一般、比较满意或者非常满意，并且家周围没有水污染、空气污染、噪声污染、土壤污染、垃圾污染中的任何一种污染，则说明居住环境得到改善。

医疗卫生是否改善（X_6）是从 2016 年是否参加体检、医疗费是否得到报销、是否有新农合医保来评价的。同时满足农户 2016 年参加了体检、医疗费得到了报销并且参与新农合，说明医疗卫生得到了改善。

用是否进行了就业培训和是否发展产业实现就业来评价就业是否改善（X_7）。农户家庭成员接受了就业培训或者发展了产业实现了就业，说明就业得到改善。

教育是否改善（X_8）是通过问卷上的上学学校类型、对学校条件的评价、上年是否收到教育补助这三个指标来评价的。如果学校类型是公办学校、认为学校条件非常好或者比较好并且上年收到了教育补助，则说明教育得到了改善。但是由于有些被访问农户家庭无正在接受教育的成员，故按照一定比例推算这部分家庭的教育情况是否得到了改善。

住房是否改善（X_9）是用农户家拥有的住房数量和对其当前住房的满意度评价、是否享受易地搬迁政策和对搬迁的效果评价进行说明的。如果农户家中有两处住房或者享受了易地搬迁政策或者对搬迁的效果比较满意、非常满意，则说明住房得到了改善。

用问卷上"你或者家人是否参加了最近一次村委会投票""你或者家人是否参加了最近一次乡镇人大代表投票"这两个指标评价民主意识是否增强（X_{10}）。如果农户家有人参加了最近一次的村委会投票或者农户家有人参加了最近一次乡镇人大代表投票，则说明民主意识增强。

本村的扶贫项目是否合理（X_{11}）和本村的扶贫项目效果如何（X_{12}）这两个指标可以直接从问卷中获取。

农户对精准扶贫项目的满意度（Y）是根据"本村的扶贫项目是否合理"和"本村的扶贫项目效果如何"这两个指标设定的，当这两个指标评价程度相同时，农户对精准扶贫项目的满意度同评价程度相同；当这两个指标的评价程度一高一低时，农户对精准扶贫项目的满意度同低的那个指标。比如，一农户对本村的扶贫项目感到非常满意，并认为本村的扶贫项目效果非常好，则设定为该农户对精准扶贫项目的满意度为非常满意；若一农户对本村的扶贫项目感到非常满意，并认为本村的扶贫项目效果比较好，则设定为该农户对精准扶贫项目的满意度为比较满意。

（二）变量特征描述

表4-3是对变量的描述性统计。通过对变量的描述性

表 4-3 变量的描述性统计

Variable	obs	mean	Std.Dev.	Min	Max
Y	148	2.831081	1.311324	1	5
X_1	148	0.3918919	0.4898304	0	1
X_2	148	0.4391892	0.4979735	0	1
X_3	148	0.5337838	0.5005513	0	1
X_4	148	0.1689189	0.3759526	0	1
X_5	148	0.9189189	0.2738865	0	1
X_6	148	0.4391892	0.4979735	0	1
X_7	148	0.2094595	0.4083046	0	1
X_8	148	0.4527027	0.4994481	0	1
X_9	148	0.5337838	0.5005513	0	1
X_{10}	148	0.7635135	0.4263671	0	1
X_{11}	148	3.162162	1.414474	1	5
X_{12}	148	3.851351	1.052143	1	5

统计分析可知，有效的统计样本量为 148 个。满意度（Y）平均值约为 3，大仓村农户对本村的精准扶贫项目满意程度为一般；是否为建档立卡户（X_1）的均值约为 0，被访农户中非建档立卡户多于建档立卡户；家庭收入是否增加（X_2）的均值为 0，被访农户的收入未得到有效改善；基本生活条件是否改善（X_3）的均值约为 1，被访农户的家庭基本生活条件得到了有效改善；农业生产条件是否改善（X_4）的均值约为 0，被访农户的农业生产条件未得到有效改善；居住环境是否改善（X_5）的均值约为 1，被访农户的居住环境得到了有效改善；医疗卫生是否改善（X_6）的均值约为 0，被访农户的医疗卫生状况未得到有效改善；就业是否改善（X_7）的均值约为 0，被访农户的就业状况未得到有效改善；教育是否改善（X_8）的均值约为 0，被访农户家庭教育状况

未得到有效改善；住房是否改善（X_9）的均值约为 1，被访农户的住房状况得到了有效改善；民主意识是否增强（X_{10}）的均值约为 1，被访农户的民主意识得到了有效增强；本村的扶贫项目是否合理（X_{11}）的均值约为 3，大仓村被访农户认为本村的精准扶贫项目的合理性一般；本村的扶贫项目效果如何（X_{12}）的均值约为 4，大仓村被访农户认为本村的精准扶贫项目的效果比较好。

标准差（SD）是衡量样本值与样本均值离散程度的指标。标准差较大时，样本值与样本均值的离散程度较大，数据越离散；标准差较小时，样本值与样本均值的离散程度较小，数据越集聚。由表 4-3 可知，这些指标的标准差都比较小，这些指标的数据比较集聚。

第三节　结果分析

拟合优度 R^2 是 Y 的变化中可由回归模型中的 X 解释的比例。R^2 越接近 1，Y 的变化中可由回归模型中的 X 解释的部分越多。R^2=0.68，被访农户对精准扶贫项目满意度的 68% 由上面设定的回归模型来解释，模型使用 X_1 至 X_{12} 这 12 个变量作为解释变量（见表 4-4）。

估计量的方差用来衡量估计量的精确度，具体来讲，即衡量通过回归得到的系数估计值是否更接近真实的系数

表 4-4 回归结果

Source	ss	df	ms	Number of obs=148	
model	172.590188	11	15.6900171	F(11,136)=26.61 Prob>F=0.0000	
Residual	80.1868386	136	0.589609107	R-squared=0.6828	
Total	252.777027	147	1.71957161	Adj R-squared=0.6517 Root MSE=0.76786	
Y	Coef.	Std. Err.	t	p> ｜ t ｜	[95% Conf. Interval]	
X_1	−0.2015231	0.193737	−1.04	0.300	−5.846498	0.1816036
X_2	−0.1045364	0.1403786	−0.74	0.458	−0.3821436	0.1730708
X_3	−0.11393	0.1376527	−0.83	0.409	−0.3861465	0.1582866
X_4	0.1775173	0.1779896	1.00	0.320	−0.174468	0.5295026
X_5	0.7356618	0.2457184	2.99	0.003	0.2497387	1.221585
X_6	−0.0613758	0.1329543	−0.46	0.645	−0.3243011	0.2015495
X_7	0.1738243	0.2176284	0.80	0.426	−0.2565491	0.6041977
X_8	−0.1837158	0.1315183	−1.40	0.165	−0.4438013	0.0763697
X_9	(omitted)					
X_{10}	−0.1797798	0.1529	−1.18	0.242	−0.4821489	0.1225893
X_{11}	0.7018611	0.541348	12.97	0.000	0.5948062	0.8089159
X_{12}	0.1997035	0.666794	2.99	0.003	0.067841	0.3315661
_cons	−0.4667655	0.367368	−1.27	0.206	−1.193258	0.2597271

参数值。样本估计量的方差越小,该估计量的样本精度越高。如果一个样本的估计量的方差比另一个样本的估计量的方差要小,则该样本下的估计量更加精确。标准误差(SE)是估计量的方差的平方根。由表 4-4 可知,X_1 至 X_{12} 和截距的参数估计值的标准差较低,选择的样本精度较高。

估计结果解释:一是居住环境是否改善显著影响大仓村被访农户对精准扶贫项目的满意度。居住环境较差是大仓村被访贫困户主要致贫原因之一。由于大部分被访农户之前居住在年久失修的房屋中,这对他们的生命安全造成了威胁，居住环境整体较差。居住环境的改善显著影响他们对精准扶贫项目的满意度的评价。二是大仓村被访农户对本村的扶贫项目是否合理的评价和对本村的扶贫项目效果的评价显著影响他们对精准扶贫项目的满意度。被访农户对本村的精准扶贫项目是否合理的评价和对本村的扶贫项目效果的评价是在直接或者间接享受各种精准扶贫政策之后的综合评价，这显著影响他们对精准扶贫项目的满意度。

第四节　结论与政策建议

一　研究结论

通过对大仓村被访农户对本村的精准扶贫项目满意度影响因素分析可知，被访农户居住环境的改善、大仓村被访农户对本村的扶贫项目是否合理的评价和对本村的扶贫项目效果的评价显著影响他们对精准扶贫项目的满意度。精准扶贫项目精准地惠及贫困家庭、改善农户的居住环境、开发合理的精准扶贫项目和提高精准扶贫项目的效果会提升农户对精准扶贫项目的满意度。

总体来看，大仓村农村居民的住房条件、生活条件、居住环境、民主参与等得到了明显的改善，但农业生产条件、就业、医疗、教育等方面未得到有效改善。这些因素可能会影响农户对本村的扶贫项目是否合理的评价和对本村的扶贫项目效果的评价，进而影响大仓村农户对精准扶贫项目的满意度。针对软件分析结果和实际调研结果，对大仓村精准扶贫农户满意度分析如下。

大仓村在精准扶贫工作开展以来，省委、省政府安排省住建厅挂钩帮扶大仓村，以扶贫综合开发项目为引领，全面实施道路硬化、饮水安全、人居改善和产业发展。投资 940 万元完成了 8.6 公里环村公路硬化，投资 416 万元完成了 4.52 公里的村间巷道硬化，新建了综合活动广场 1 个、村级活动场所 3 个。通过实施农宅统规集中建房和农村危房改造解决贫困群众安全稳固住房问题，建设农宅统规集中安置点 1 个，与原址重建相结合，实现建档立卡贫困户安全稳固住房 65 户。新铺设人畜饮水管网 8500 米，建设爱心水窖 35 个，打深机井 4 口，铺设灌溉输水管网 2600 米，新修水池 45 个。经过一系列扶贫开发工作，群众对生活环境的满意度显著提高，受访群众对环境改善的满意度达到了 91.80%，可见经过扶贫开发，村容村貌的改变是有目共睹的。通过建设农宅统规集中安置点进行易地搬迁扶贫，贫困户的住房条件也有了显著改善，受访户中对住房条件满意的比例达到了 53.10%。调研中发现，大仓村群众的政治参与度非常高，76.90% 的受访者认为自身的民主意识得到了增强，可见大仓村在扶贫工作中充分尊重了群众的意见，这是大仓村扶贫工作取得较高群众满意度的一个重要基础。在产业发展方面，大仓村于 2015 年底成立了由村党总支直接管理的农民专业合作社，结合整村推进项目，带动农户种植冬桃、红梨，并结合养殖项目，实现了建档立卡贫困户户户有增收产业和项目的目标。同时，大仓村通过扶贫综合开发项目的实施，村庄环境也变得干净整洁了。从这些角度来看，大仓村的扶贫已经取得了实际的效果。

但是在问卷调查的过程中，我们发现大仓村当前的扶贫工作仍然存在一些不足。大部分贫困户仍然反映自身的生产条件没能得到有效改善。大仓村的地理条件具有一定的特殊性，山峦起伏，沟壑纵横，山多平地少，崎岖不平，沟深坡陡、地势地貌复杂，耕地地块小、质量低，不适宜机械化耕作。当前的基础设施建设进度仍然无法满足机械化耕作的要求。在就业方面，当前大仓村主要的扶贫项目是冬桃和红梨的种植，由于目前开发的地块比较小，惠及范围还不是很大。在教育方面，当前大仓村最主要的问题在于学生上学的路途比较远。调研中发现，当地中小学生上学普遍需要花费时间半小时以上，来回镇上学校的交通成本也比较高。医疗方面，大仓村部分贫困群众是因病致贫，但由于缺乏对疾病和救助系统的了解，长期得不到医治，造成了贫困的持续恶化。同时在调研中发现，很多贫困户对当前实施的精准扶贫政策其实并不太了解，这与地方政府的宣传力度和扶贫的实施效果都有很大关系。这些都是大仓村在接下来的扶贫工作中需要重点解决的问题。

二　政策建议

根据大仓村精准扶贫项目的满意度研究，接下来大仓村在扶贫工作中需要从产业开发、加强转移就业、强化教育扶贫、完善社保兜底几个方面继续深入开展扶贫工作。

（一）继续深入开展产业开发

针对大仓村产业发展的现状，大仓村应尝试构建大产业扶持格局，着力发展种植业、养殖业、加工业、服务业融合的产业格局，以发展特色扶贫产业为抓手，围绕市场需要什么、适合发展什么、如何进行发展的思路，优化产业结构，打造新型农业产业和非农产业，以土地流转和金融扶持支撑产业发展。同时坚持以家庭产业为基础，增加贫困户经营性收入，对贫困户自主发展并达到一定规模的，给予适当的财政专项扶持补助。结合大仓村特定的地理条件、气候特点，扶持农民专业合作社，对有发展需求的贫困户，由农业、科技、畜牧部门进行技术指导。

（二）强化转移就业，增加贫困群众工资性收入

针对受访者普遍反映当前就业机会不足的问题，需要结合贫困群众实际，有针对性地开展实用技术、就业技能培训，确保贫困户劳动力通过技能培训至少掌握一项致富技能。同时还可以依托人社部门用工平台，发布用工信息和推荐贫困群众外出务工，帮助有就业愿望和能力的贫困群众就业。此外，祥云县也应该注重发挥县内工业企业的资源优势，动员企业以吸纳劳动力就业的形式参与脱贫攻坚工作。

（三）扎实开展教育扶贫，保障贫困家庭子女的受教育权利

针对调研中发现的教育条件改善不足的问题，大仓村要把教育扶贫放在突出位置，全面实施教育资助帮扶"六大工程"，开展扶贫助学，建立健全涵盖各类教育的"减、免、补、奖、助、贷"学生资助体系。落实义务教育阶段免除杂费、补助公用经费、农村营养改善计划等政策。做到应助尽助，保障贫困子女平等接受义务教育的权利。加大对当地学校资金投入力度，重点投资学校基础设施和设备配置，改善育人环境和办学条件。

（四）继续通过社保兜底

大仓村首先要全面落实养老保险政策，对全村建档立卡户中符合参加农村养老保险的人口进行认真排查，通过统筹、补助缴费等方式，确保全部建档立卡贫困人口100%享受新型农村合作医疗政策保障，对建档立卡贫困人口就医执行住院基本医疗免起付线、政策范围内住院费用全额报销等特殊政策。落实社保兜底政策，实现贫困户中符合农村低保标准的全部享受最低生活保障，低保户中有劳动能力的纳入贫困户动态管理、无劳动能力的享受社保兜底保障。加大特困群众救助力度。整合社会保障、劳动就业、民政、慈善等各种资源和力量，加大对丧失劳动能力、丧失经济来源、丧失脱贫基础的"三丧失"人员和残疾人等特困群众的临时生活救济力度。

第五章

完善大仓村精准扶贫精准脱贫机制

第一节　扶贫的主体及脱贫对象

当前大仓村的扶贫主体是当地政府。但这种模式主导下的精准扶贫也存在一些不足之处。具体表现在各个部门之间的功能交叉，扶贫权责不明确，社会主体参与扶贫的积极性较低。从大仓村的扶贫实践来看，当地的各级政府是扶贫的先驱和引领者，扶贫对象在享受扶贫政策的同时也是精准扶贫的监督者，在精准扶贫过程中也还存在各方社会力量，这些社会力量既是扶贫的直接参与者也是重要的间接参与力量。所以，精准扶贫的构成主体应该是多样化的。大仓村现行的以政府为主导、以政策为先驱的精准扶贫制度在当前发挥了重要作用，但随着精准扶贫的深入推进，这种精准扶贫管理模式的弊端也逐渐显现。大仓村与其他地区相比具有一定的特殊性，集中体现在地区人口众多，而资源相对不足，且贫困户的依赖意识较强。因此，当前这种部门分散、手段单一的扶贫模式造成扶贫主体参与的路径不畅，市场效用不能得到有效发挥。因此，需要对扶贫的参与主体和方式做进一步改进。

在扶贫的参与主体中，作为最重要的参与主体，各级政府部门之间存在主体关系不明的情况。比如，祥云县与下庄镇政府的首要目标是吸引扶贫项目落户，即"要项目""跑项目"是这两级政府的首要关心问题，但同时各级政府对项目的跟进和定期考核评估却有所欠缺。与此相反，大仓村村"两委"更关心的是项目的持续跟进和持续发展，这种情况下，各级部门之间的目标可能会存在冲突，进而造成扶贫项目无法有效引进与落实。同时，当前在大仓村，市场这一主体的作用还未完全体现。市场在当地扶贫工作中的制度化和规范化远未形成，依然是政府在扶贫工作中发挥主导作用。但政府的决策有时候会带来相对负面的影响，比如行政手段有时候会影响市场经济的发展，过于集中的扶贫资源有时候会取代经济主体参与竞争，使得当地的市场缺乏活力。同时，在扶贫资源投入取得了一定效果的同时，扶贫户往往会滋生"等、靠、要"思想，这对于扶贫的长效机制构建会起到较大的负面作用。可以预期，在这种情况下，这部分贫困户在未来很有可能出现脱贫后重新返贫的情况。同时，部分群众反映扶贫项目的选择与贫困人口实际的需求存在一定程度的不匹配。上级政府关注更多的是扶贫资源的投入，而将产业后续的发展交给了村一级甚至贫困户本身，但其实往往他们缺乏能力和资源进行后续的发展。因此，上马的产业在销售和消费的环节经常会面临较大的问题，当地的产业基础受到影响，贫困户的实际利益也会遭受严重损害。综上所述，当前大仓村精准扶贫工作的最终目的是要建立起一个能够充分反映贫困户、普通群众、社会力量共同诉求的平台，其根本是要解决扶贫项目的有效持续推进问题。这就需要吸引扶贫的社会组织、民间组织的进入。因此，当地政府应改变原有理念，转变政府主导扶贫的单一模式，要以实现全面脱贫为目的，充分发挥各方主体的力量与作用。借助企业、社会组织的专业优势，由政府、市场和社会共同参与扶贫活动。引入"合作"的理念，保障扶贫行为的公平与正义，在提升当地政府扶贫治理能力的同时，结合社会组织扶贫项目成本低、社会接受程度高、灵活性强等优点，以全面消除贫困的目标为导向，以多元化的扶贫主体为体制支撑，在具体实施过程中由当地政府、市场和社会共同分担。

精准扶贫中最重要的主体之一就是贫困人口，而精准扶贫最关键的是要赋予贫困人口最基本的公民主体权利，首先要保障贫困人口最基本的生存权，即衣食住行等生存条件。但在生存保障的前提之下，还要充分注意贫困人口的精神贫困，即扶贫要先扶智、扶贫要先扶志。同时还要给予贫困人口必要的人文关怀，对无法通过就业和发展产业脱贫的贫困户，要发挥好社保兜底的作用，切实做到以贫困人口的权利保障为核心开展扶贫工作。而要实现以上各类主体的权责重新划分，应当对大仓村的扶贫主体制度进行重塑，即建立多元化、共同参与的扶贫机制。通过调研发现，大仓村的扶贫工作中，政府、市场、社会参与之间构成了扶贫工作的主线，因此当前需要重点解决的是各个主体之间的分工协作问题。

瞄准效率是影响精准扶贫效果的重要因素，而怎样将资源真正地投向贫困者是精准扶贫首先需要解决的问题。这就涉及贫困瞄准的问题，也就是如何对扶贫对象进行精准识别。当前，大仓村的贫困类别基本涵盖了因病致贫、因学致贫、缺乏劳动力致贫等。但目前在对贫困户的精准识别过程中也还存在一些困境，具体体现在以下几点。

首先，大仓村的贫困识别采取纵向识别的方式，具体来说就是云南省根据自身的情况制定出全省统一的贫困标准，并对各地的贫困人口进行初步测度，然后根据前期的工作将贫困指标划分到各个州市。同样的，各个州市沿用了与云南省类似的指标分配方式，直至乡镇一级政府，然后村"两委"根据具体的指标和村民的贫困状况确定贫困对象。各地的贫困分布并不一致，这就造成了实际的贫困人口与享受扶贫政策的贫困人口之间存在一定的差异，部分贫困人口就被人为地排斥在扶贫的对象之外。其次，大仓村在具体的识别操作过程中，还制定了另外一套识别的方法，根据对村干部的访谈，总的原则可以概括为"一看房、二看梁、三看劳力强不强、四看家里有没有读书郎"。

与仅依据收入多少来判别贫困的方式相比，这种方式有所改进，也增加了灵活性。但与此同时，由于大仓村各个村民组分布的地域有区别，一个村里甚至会出现不同的贫困分布格局，因此这种方式对不同村民组的适用度也可能不同。此外，在这种识别的方式下，村干部往往会人为地根据自己的喜好和群众的反映将一些贫困户排除在帮扶对象之外。并且这种选择体系之下并不是所有指标都是可以真实反映贫困状况的具体指标，因此瞄准的精度会存在欠缺。

根据实际调研可以看出，总的来说大仓村目前对扶贫对象的认定与上级制定的标准之间存在一些问题和矛盾，要使精准扶贫能够继续深入有效地开展下去，需要在实际操作与官方标准之间寻找一种科学的制度，达到实际操作与官方标准之间的最佳契合点。

第二节　应选择的主要模式

一　深入开展易地扶贫搬迁移民

大仓村部分地区山多、平原少，生态环境极为脆弱，且部分地区干旱缺水，基本的生活设施难以保障，如果采取基础设施建设的方式给予帮扶相对成本过大。同时由于贫困的累积，部分贫困群众的住房处于高危状况，贫困群众的生命财产安全已经得不到基本保障，对于这部分贫困人口，通过易地搬迁的方式实现脱贫是最优的选择。这需要大仓村在之前的基础上更进一步深入开展易地搬迁扶贫，解决之前易地搬迁扶贫中存在的一些突出问题。针对这部分特殊贫困群体的搬迁工作，大仓村已经从政策、资金、土地等方面做了大量工作，推动了异地搬迁群众的有效过渡与安置，为搬迁户在安置地的生产生活提供了政策支持和现实保障。但当前大仓村的易地搬迁工作仍存在一些问题，集中体现在易地搬迁后产业发展不能持续跟进、原有宅基地产权存在争议、搬迁户群众适应情况较差、社会融入不足等方面。

易地搬迁的主要推动力是政府，因此在现有的扶贫模式下，仍需要进一步发挥政府的主导作用。在调研中发现，易地搬迁过程中贫困户首先关注的问题是搬迁安置问题，因此当地政府要进一步加强易地搬迁扶贫的工程规划，从整体设计上满足贫困户的基本住房需求。一般认为易地搬迁的扶贫效果要从社会、经济、生态三个方面来衡量。从经济的层面来看，搬迁后的就业便利性、补贴的获得等是搬迁户主要关注的因素。由于搬迁的成本比较高，部分自筹资金对贫困户来说筹措的难度也比较大，这时候就需要政府加大补贴的力度。同时，在搬迁过程中也不能一味只关注搬迁的时效性，搬迁后贫困人口的生产生活能否保障也是需要重点关注的问题。从社会的层面来看，大仓村易地搬迁扶贫当前面临的最大问题是贫困的识别不够精准，在调研中发现，部分群众对易地搬迁贫困户的选择不够满意。易地搬迁扶贫的首要任务是对贫困户进行精准识别，但这一过程是难度最大的。当前大仓村的贫困户选择是根据年均收入和支出等指标确定的，这一方式存在较大的问题。首先，贫困户的年均收入和支出的准确性难以考证。其次，基层干部在确认贫困户时会不可避免地带上主观色彩。有时候仅根据农户的房子如何、家具有哪些、牲畜有多少、粮食有多少、穿着怎样、日常消费大概多少等进行判断。再次，基层干部在确认扶贫户时往往会掺杂个人情感，产生关系扶贫、人情扶贫等。最后，精准识别的农户参与度不足，许多真正贫困的农户往往信息失灵，或碍于面子或者对信息不敏感，出于种种原因而没有主动申请易地搬迁，以至于不在精准扶贫名单之中。而没有农户的充分参与，精准识别就难以实现。缺乏农户的广泛和充分参与是易地搬迁扶贫当前面临的最大问题。同时，由于大仓村也有部分少数民族，在易地搬迁的过程中可能会存在生活习惯、文化习俗的冲突，进而也会影响搬迁的满意度。同时，大仓村在易地搬迁移民的过程中，还存在搬迁农户与村集体的宅基地产权问题，这个问题当前并没有得到明晰的界定。这也就在某种程度上导致了当地贫困户对易地搬迁扶贫存在一定的抵触心理。

但是总体来看，结合大仓村地域、自然条件、资源环境等各方面的因素，易地搬迁仍将是该地区扶贫的重要方式。大仓村需要在现有条件的基础上继续加大搬迁扶持力度，根据群众反映的现实问题，在搬迁补贴、搬迁后就业、社会融入、贫困户选择的公平性等方面继续深入摸索，综合考虑搬迁后扶贫的可持续性与长效机制，使易地搬迁扶贫成为帮助地区贫困群众脱贫的有效手段。

二 大力发展金融扶贫

通过调研发现，大仓村很多贫困户反映的一大问题就是发展生产资金来源不足，有的贫困户想通过发展产业，自力更生实现脱贫，但苦于缺乏资金一直无法开展。祥云县贫困面大、贫困程度深、脱贫攻坚任务艰巨、资金需求量大，到位资金量与贫困群众的需求存在很大差距，严重制约了脱贫攻坚工作。同时，当前大仓村乃至整个祥云县存在的问题是财政扶贫资金难以整合，除扶贫部门财政专项扶贫资金外，项目安排和资金分配权限"下放"不到位，没有实现按块下达，仍以按条下达为主，上级部门直接确定项目，县级部门在资金安排和项目选择上自主权不够，资金缺乏的困局没有得到有效破解。

金融扶贫通过对贫困户进行精准识别，可以建立起多层次、广覆盖的扶贫金融组织体系。对于那些经济上比较困难但有意愿通过创业项目脱贫的农户具有重要的意义。通过政府的主导和建立有效的制度保障体系，为大仓村的贫困人口提供有效的金融产品服务，与直接提供扶贫资金相比，更容易激发贫困户的内生动力，也更加侧重于提升贫困人口的造血功能。因为金融扶贫并不是将资金直接提供给贫困户无偿使用，而是通过发挥市场的带动作用和金融市场的杠杆作用，带动更多的贫困人口直接或间接参与到扶贫工作中来。当前，大仓村存在金融扶贫内在需求不足的问题，部分建档立卡贫困户产业发展无计划，担心投资风险，扶贫到户贴息贷款难以投放，而需要信贷资金支持发展产业的属于非建档立卡贫困户，根据精准扶贫要求不能予以投放，导致上级下达的信贷资金难以落实。国家层面对建档立卡贫困户使用贴息贷款投资缺乏相应的政策支撑，基层的探索实践受到较多政策束缚，风险较大。

金融扶贫的重点在于将贫困户视为可持续发展的培养对象，其前提是受帮扶的贫困户具有一定的个人发展能力。通过给予一定的帮助性支持和激励，结合贫困户自身的意愿进行项目的发展。通过调研可以发现，大仓村具有发展能力的贫困户不在少数。因此通过金融扶贫的激励和刺激让他们摆脱贫困是切实可行的方式方法。同时，金融扶贫应当以金融系统平台为载体进行。为了对农户进行精准的定位，对其投资项目进行规范的审核和放贷，首先需要完善农村金融平台系统，形成贴近农户、了解农村状况的农村金融服务网络，通过一系列金融扶贫项目、小额信贷资金、扶贫专项资金等金融措施，为大仓村提供金融资源和服务。并结合大仓村的实际状况，充分利用祥云县现有的资源，鼓励更多的农户参与金融扶贫平台，保证农村金融工作的高效运作。建立由金融管理、财政、发改、扶贫办等部门统筹合作、共同参与的金融扶贫领导协调小组，进一步明确各成员单位职责和考核办法，加强沟通交流、政策协调、工作联动和协作反馈，切实发挥领导协调小组的组织引导作用,确保各项工作任务落实到位。

与易地搬迁扶贫相同,对于金融扶贫来说,对有需求的贫困户进行精准识别也是工作的重点之一。这类识别主要是对贫困户的综合情况进行考量。首先要对大仓村贫困户的贫困类别做进一步细分,根据不同的贫困类别、受教育情况、适龄劳动力情况和现有生产技能掌握情况,用翔实的数据进行分析,构建扶贫信息数据库,同时不间断地定期排查,做到扶贫信息精准反馈和更新,提高金融扶贫的精准度。其次还需要改进现有的贴息办法,将以往"大而化之"的贴息方式进一步细化。通过综合考评贫困户还款付息情况和贷款成效,实行差别化贴息政策,发挥贷款贴息的激励和约束作用。最后在不断总结贫困户主要劳动力意外伤害险的基础上,推广医疗救助险、农户养殖险和小额贷款保险,进一步提高贫困农户的抵押担保能力,从根本上降低和分散信贷风险。

三 继续推进产业扶贫

产业扶贫的一个重要目标是结合地区的资源条件,在不对环境产生负面影响的前提下,通过产业结构的调整,实现经济利益的最大化。精准扶贫工作开展以来,大仓村在烟草种植的基础上发展了冬桃和红梨的种植,并取得了一定的成效。但大仓村当前的产业结构仍然存在较大问题,经营模式也比较粗放。烟草种植在种植结构中仍然占主导地位,种植面积一直占地区土地面积的大半。这种单一的种植结构带来的经济效益也很低。在这样的种植结构和经营模式下贫困户尽管投入了巨大的人力物力成本，所能获得的经济效益却依然很低，单纯依靠种地的贫困户常常处于入不敷出的状态，高产并没有带来高收入。因此从精准扶贫的角度来看，当前大仓村在之前的产业基础上，需要继续深入推进产业扶贫。

当前，大仓村的产业扶贫已经具备了一定的基础，也取得了较大的成效。但根据调研的结果，群众反映大仓村的产业扶贫仍存在一些问题。首先是扶贫对象的识别上，产业扶贫的深入开展需要对贫困户进行进一步识别，有些贫困户并不具备产业发展的能力，对这部分贫困户采取产业扶贫的方式会造成扶贫资源的无谓浪费。因此需要在科学摸底的基础上，充分结合村干部和群众的意见，对扶贫对象进行有层次的识别，采取动态管理的办法，细化贫困户类型。对产业扶贫的对象实行有进有出的管理方式，为实施产业精准扶贫提供真实准确的工作依据，避免出现贫富不清、等级不明的随意扶贫、乱扶贫、扶假贫的现象。

在对贫困对象进行精准识别之后，当地政府需要进一步明确贫困户的需求，根据贫困户的致贫原因和现实情况，结合贫困户的特点制订有针对性的扶贫计划。要使产业扶贫的资源发挥最大的作用，关键在于要使贫困户尽量参与到产业扶贫中来，避免扶贫资源在使用的过程中产生浪费或被其他用途挪用。此外，当前大仓村在产业扶贫过程中重点要解决的问题之一仍然是选择具有区位优势的产业项目。当前，产业发展的规模化、连片化需要与建档立卡贫困户点状分布的实际状况存在矛盾，导致产业扶贫资金只能精准安排至建档立卡贫困户的矛盾突出，基层干部在产业发展上操作难度大、阻力大。因此，产业项目的选择不光要考虑当前短期的经济效益，还要考虑长期的规模效应和长效机制。其核心是要把产业与扶贫有机地结合起来，达到产业对扶贫的长期扶持作用。因此大仓村要结合自身的特点，试点"特色基地＋扶贫龙头企业＋专业合作社＋贫困户"的扶贫新机制，扩大农户参与和选择扶贫项目的自主权，将产业扶贫的政策切实地落实到真正需要的农户身上，使得资金真正落实到每户的产业项目上。同时还要关注当地资源的合理开发和利用，避免本村的扶贫产业与附近其他地区的产品形成同质化，造成产业的竞争力低下。这就需要大仓村进一步对市场的产品需求进行深入调查，明确自身的产品优势、销售优势和区位优势，形成产业化扶贫的特色产业体系。结合当地的区位交通、资源禀赋、产业基础、劳动力素质等状况，发挥比较优势。

产业扶贫除了要结合当地的特点之外，要想真正实现产业扶贫的长期目标，就要与当地贫困人口的能力提升有效结合起来。当前大仓村在这一方面有所欠缺。尽管有相应的扶贫项目上马，但农民文化素质、生产技能、风险抵御能力等却没有得到相应的提升，这就导致了产业发展后续无人，扶贫产业无法有效健康地深入推广。造成这种局面的原因一方面是大仓村当地的基础教育还有所欠缺，初中未毕业的学生辍学率较高，贫困户掌握的基本知识比较匮乏；另一方面是职业教育相对不足，缺乏经常性的教育培训制度，缺乏针对产业需求的相应生产性技能培训，现有的培训多是短期的、简单的培训，对于知识水平较低的农户而言，在这么短的时间内很难真正学到有用的生产技能，这也是大仓村在产业扶贫过程中需要高度重视的问题。

四 完善社保兜底的补充作用

习近平总书记把"通过社会保障兜底一批"作为精准扶贫方略中"五个一批"的重要内容之一，充分体现了社会保障在当前扶贫工作中的重要性。社保兜底是大仓村精准扶贫和精准脱贫的重要路径之一。当前大仓村仍存在相当大比例的特困人口，这部分群众由于年龄、身体、劳动力缺乏等已经基本丧失了通过发展产业、就业等方式脱贫的能力，易地搬迁扶贫也仅能解决这部分群众的住房问题。因此需要进一步强化社保兜底的作用，使扶贫工作不落下每一个困难群众。

扶贫开发与社会保障的目标具有相当大的一致性，其根本目的都是保障贫困人口基本生活，在此基础上促使贫困人口获得发展能力，以实现社会的公平正义。现阶段的农村社会保障已经发展成为以人的生存权为核心理念的一种现代社会制度。在一定意义上，社会保障是一种有效的扶贫方式，而反贫困则是社会保障的目标。健全和完善的社会保障制度是对精准扶贫强有力的补充和完善，通过社会保障制度的互助共济和分散风险机制为贫困人口提供生存和生活保障，可提高贫困人口生存发展能力，为摆脱贫困和降低返贫概率提供了基础。

首先，社保兜底是极端贫困人口的最后一道保障，是保障这部分贫困人口基本生活的"安全网"，通过将扶贫资源直接提供给这部分贫困人口，为他们的基本生活、下一代教育提供最基本的保障，减轻他们的经济负担，在此基础上还可以增强他们的可持续发展能力。其次，社保兜底也是社会公平正义的充分体现。收入的再分配是社保兜底的根本目的，通过收入再分配可以达到实现社会的财富均衡，以国家税收、社会捐赠、慈善福利等方式将一部分国民收入转移给贫困地区和贫困人口，促进贫困地区和贫困人口加快脱贫步伐。因此，贫困地区社会保障在一定程度上起到了调节收入分配的作用，缩小了社会的收入差距，缓解了社会矛盾。

大仓村部分贫困人口出于先天性的身体原因或者家庭变故，在社会竞争中处于劣势或根本无力参与社会竞争。如果这部分人口长期以来的基本生存条件无法得到满足，势必会造成社会的不稳定，也违背了公平正义的社会理念。因此，大仓村需要进一步完善并健全与当前扶贫形势相匹配的社会保障制度，以满足极端贫困人口最基本的生活保障。确保这部分人口生有所靠、老有所养、病有所依。首先，大仓村需要做进一步排查，坚持应保尽保的原则，根据家庭收入、家庭财产等基本条件，结合群众反映和贫困户家中实际条件，务必将符合条件的保障对象全部纳入保障体系。同时，要加强对经费的管理，强化组织领导，做好统筹安排。其次，针对大仓村普遍存在的因病致贫的问题，需要进一步完善医疗保障制度，当前全民医保已经得到了有效落实，但对于重大疾病的救助还存在较大的问题，除了贫困户的支付能力不足之外，医疗资源供给不足也是一个重要的问题。很多贫困户由于疾病得不到有效的治疗而长期陷入贫困中。大仓村需要进一步提高当地的医疗卫生水平，吸收技术能力较强的医务人员，增加当地的公共卫生财政投入，改善医疗卫生基础设施，推进祥云县医院、下庄镇卫生院和村卫生室标准化建设，完善县、乡、村一体化的医疗卫生服务体系。此外，针对大病致贫的情况，大仓村要将这部分群众纳入特重大病救助范围，保障贫困人口大病得到医治，切实解决"因病致贫"和"因病返贫"的问题。

第三节 对策建议

一 加强政策引导与制度设计

完善、科学、行之有效的精准扶贫实施机制，能够有效地实现扶贫的规范化和有效化。根据中央精准扶贫"五个一批、六个精准"的要求，大仓村当前在贫困瞄准、资金使用和绩效考核等方面仍存在一些问题。精准扶贫是一项复杂的系统工程，在其实施过程中除了各级政府，还会涉及各地的扶贫办公室、发展和改革委员会、农业部门等诸多部门，而各个部门之间关系错综复杂，职能与分工上存在交叉与冲突。因此，当前大仓村的精准扶贫需要依托于建立多部门协同的扶贫新机制，解决各部门之间分工不明确、权责不清晰的问题，从制度保障和机制创新的角度为精准扶贫扫除障碍，进一步加强政策的引导与制度的设计。

首先，大仓村要按照当地需求进一步从制度上加大对当地贫困地区和贫困人口的支持力度。大仓村的贫困方式与其他地区的贫困现象存在不同之处，结合调研的结果来看，大仓村的贫困现状主要受制于当地的地理位置、自然条件和基础设施，人力资源也较为不足。当地政府需要协同配合，在中央扶贫政策的基础上进一步对制度进行设计，将产业政策、税收政策、财政政策有机地结合起来，用科学的手段进行顶层设计，形成有效的制度体系化服务支持。同时要构建相应的扶贫资金筹措体系。当前大仓村的扶贫资金主要还是依靠政府，因此需要进一步建立全面的部门资源整合体系。根据大仓村当前的贫困状况，要进一步突出当地扶贫任务的重点，明确扶贫的责任，项目应优先向当地的基础设施、产业发展方面倾斜，争取上级政府的政策支持，调动各方积极性，建立起长效的扶贫机制。坚持规划为先、项目随后的原则。对重点项目要加大支持力度，但针对扶贫项目也不能盲目上马，而应该完善绩效考核机制，将当地扶贫工作作为重要指标纳入政绩考核。

其次，精准扶贫的工作机制优化要特别注意建立常态化机制。精准扶贫工作任重而道远，是一场攻坚战和持久战。不仅在短期内要以快速消除贫困为目标，同时在长期范围内，大仓村的精准扶贫工作要特别注重建立扶贫的长效机制。尝试健全完善政府主导、企业参与、村企结对、金融支持、扶持农户、风险分担的扶贫体制机制，大力发展新型农业产业和非农产业，探索推广"扶贫资金跟着贫困户走、贫困户跟着能人走、能人跟着产业项目走、产业项目跟着市场走"的规模化、标准化产业扶贫模式。走"党支部＋龙头企业＋贫困户"路子，把贫困群众有效组织起来，带入现代生产体系和利益分配链条，提高贫困群众再生产能力。

二 创新扶持方式、发展方式

当前大仓村的扶贫方式仍有待改进，资金来源不足，扶贫方式比较单一。从资金的角度来看，大仓村可以尝试以制度创新的方式构建起产业长期发展的盈利模式，使市场条件下扶贫产业不光可以带动贫困人口脱贫，还可以产生利润，吸引更多企业参与到扶贫开发中来。重点要通过多渠道融资加快支持扶贫企业的发展。各级财政、税收部门应积极研究制定和实施产业发展的税收减免优惠政策，提高扶贫产业的市场竞争力。同时更要注重发挥政府投资的杠杆撬动作用，充分发挥社会投资、民间投资的作用，促使各个相关主体形成长期的发展合作模式，最终建立起以政府投入为主导、社会资本积极参与、金融机构全力支持的多元扶贫资金支撑体系。

从产业发展的角度来看，当前大仓村的扶贫产业仍然比较单一，还是以烟草种植为主，养殖业与种植业规模都相对不足。大仓村需要摆脱传统的单一农业生产模式，通过产业融合的手段，形成完整的产业体系。大仓村的三次产业深度融合需要立足于自身资源，通过直接生产与下游的精深加工和服务业结合，推动产业范围的进一步扩大，促进贫困户增收，激发当地发展的新活力。首先，从第一产业与工业结合的角度来看，可以推动现有的产品加工业转型升级，支持企业到大仓村建设原料生产基地，发展跨区域的农村物流体系，结合农村电子商务发展，使第一产业与工业深度融合，形成产销一体化的生产经营格局，提升经营的效率。其次，要进一步发掘农业领域的其他功能，在大仓村产业深度融合过程中，要特别注重农业的服务功能，农业的服务功能可以通过发展乡村旅游的方式来实现，乡村旅游对促进农村收入增加、保护生态环境和升级产业结构都具有重要的意义，是农村三次产业融合的重要表现形式。大仓村具有良好的生态资源，具有进行生态旅游开发的巨大优势。当前，需要当地政府发挥引领的作用，做好生态旅游的深度开发。

从贫困户个体发展的角度来看，当地政府应该通过建立建档立卡户产业发展台账清单，准确掌握建档立卡户产业发展条件、意愿、存在困难、希望得到什么样的扶持等基本情况，按照"有能力的扶起来，实现户户有致富产业；有条件的带起来，实现户户有资产性收益"的产业发展思路，进一步健全产业到户到人的精准扶持机制，以市场为导向，坚持因地制宜、长短结合、以短养长原则，因户发展种植业、养殖业、加工业等，通过资产收益、土地流转、产金互促"带起来"巩固传统优势产业与培育新兴特色产业，合理规划和布局烟草、冬桃、红梨种植，确保每个贫困户都有 1 个主要增收产业，有产业发展能力和意愿的建档立卡贫困户有 2 个及以上的增收产业。

三 扶贫要扶志，转变贫困人口"等、靠、要"的思想

在调研中发现，大仓村贫困户中有相当一部分存在"等、靠、要"的思想，认为"扶贫是政府的事，政府肯定会管我的"。部分贫困户脱贫内生动力不足，把扶贫政策当作"天上掉馅饼"，脱贫激励政策难以有效建立，长期稳定增收产业发展难。最为明显的表现是在推行国家普惠的政策时，如基本医疗保险政策、养老保险政策等，个别贫困户对个人缴费部分存在不愿筹资、不想筹资的情况。而面对国家利好政策，又出现争贫困户帽子、互相攀比的情况，动辄四处上访。村干部中也有相当比例对当前的扶贫工作前景持悲观的态度，认为"有的群众就是拿他没办法，只能放任不管"。干部和群众中存在的这种思想长期来看对精准扶贫的深入开展危害很大。

从贫困户的角度来看，"等、靠、要"的思想具有很强的观念性，很多贫困户以接受国家救济为荣，把跑救济当作一种职业，挖空心思取得建档立卡的资格。习近

平总书记指出："扶贫先要扶志，要从思想上淡化'贫困意识'。不要言必称贫，处处说贫"，"弱鸟可望先飞，至贫可能先富"。大仓村人口众多，贫困户的致贫因素也各不相同。有一部分确实是因病致贫、因学致贫，或者因为年老体弱缺乏劳动力，这部分贫困人口应该采取兜底的方式进行社会保障。但也存在相当一部分人口具有健康的体魄和良好的生产技能，却因为个人的懒惰而拒绝劳动，一心只想着领取国家的扶贫救济。村干部作为扶贫的一线工作人员，一定要针对这两种情况进行有效的识别。要深入群众之中，根据实地走访、访谈了解每一户的真实情况，对虚报贫困的要坚决予以剔除。同时，关键是要以科学的手段和合适的方法向群众灌输正确的思想，转变他们落后的思想观念。要转变群众落后的思想观念，首先要重视教育的作用，"资金扶贫一阵子，技术扶贫一辈子，教育扶贫挖根子"，教育不光能提升贫困人口的知识水平，更重要的是转变他们对于生活的态度。教育并不仅限于学校教育，大仓村可以进一步建设农村学习室，通过书籍、电视、电影等介绍农业技术，一方面使贫困户真正学到技能，另一方面在学习的过程中，使贫困户意识到自身的不足并激发上进的动力。同时一个地区的文化环境对整个群体的影响是巨大的。因此大仓村要特别重视乡规民约的制定，加强精神文明建设。具有引导性的乡规民约不仅会对村民的行为进行约束和规范，同时，还具有启发民智、感染熏陶群众的作用。当前大仓村在扶贫开发中遇到的一个问题就是整个村子存在一定的安于贫困、不思进取的村风，这也是接下来的扶贫工作中需要重点解决的问题。

对村干部而言，调研发现村干部中对扶贫工作的畏难情绪、消极情绪普遍存在。村干部是扶贫工作的一线人员，他们的工作态度和工作热情直接关系着扶贫工作的成败和效果。因此，当前大仓村以及上级政府需要从根本上认识到转变观念的重要性。首先应该对当地的基层干部进行培训，使他们了解基本的扶贫手段和方法，并能够根据当地的资源优势，做到以市场需求为导向，把握和发展好村里的特色产业，使贫困户的付出能够得到切实的经济回报。通过一定的收益，一方面可以树立贫困户脱贫致富的自信心，确保产业项目可以继续深入推进；另一方面群众在获得实际效益的同时，会在心理上对基层干部的工作高度认可从而产生依赖，对今后的工作开展也有很大帮助。其次要通过成功的扶贫案例宣传，坚定基层干部对扶贫工作的信心，消除当前一线扶贫干部中弥漫的消极情绪。

四 进一步加强基础设施建设，提升发展能力

基础设施建设是扶贫开发的重要领域，也是实现贫困地区全面脱贫的基础性条件。习近平总书记明确指出，基础设施建设具有强大的先导作用。在云南省住建厅的对口帮扶下，大仓村的道路基础设施得到了极大的改善，但是还存在很大的短板。大仓村地处偏远，自然地理环境恶

劣，长期以来出行、通水、通电、通网都存在很大的问题，导致当地人口就医、受教育的成本居高不下，因此仍需要进一步加强基础设施建设。

基础设施建设过程中，交通建设可以起到最重要的作用。首先大仓村需要完善"村村通"客运服务。"村村通"客运服务可以为大仓村贫困人口的出行提供便利，加快当地与城市之间的要素流动，这是减少贫困的重要手段之一。当前大仓村要着力解决贫困地区人口乘车参与度不高、乘车价格监管不到位等问题。通过财政补贴大量投放非营利性公共交通车辆、提高政府监管力度和效率、制定合理的交通定价体系、规范"村村通"客运市场、加快乡村车站等客运基础设施建设，从而促进"村村通"客运工程的有效实施。其次大仓村还要进一步加强农村物流的发展，农村物流在增加农民收入、降低农业经营成本、提升农民生活质量方面具有很大作用，同时还可以缩小城乡差距，加快城市化的速度。大仓村农户居住比较分散，大多数村庄面积较小而且村与村之间通常距离较远，生产要素和产品之间的流动极不便利，因此农村的物流体系需要进一步加强。农村物流的对象主要是农产品，而农产品有较强的季节性，因此农村物流具有季节性的特点。当前农村物流缺乏完善的产业链条，出于季节性的原因，农业物流相应的仓储、运输工作等需要特有的与之相配套的体系。乡村货运网店的建设可以很好地满足农村物流的需求，当前大仓村需要加快乡村货运网点的建设，建设一批能够满足本地区实际物流需求的货运网点。

针对大仓村当前重点发展的冬桃、红梨产业，农村电子商务也是当地脱贫的重要助力之一，这就需要大仓村进一步加强农村网络信息化建设。大仓村要抓住全国农村电商的发展契机，建立健全"电商 + 交通"的高效平台。农村电子商务的发展依赖于便捷的交通、信息和物流体系，因此当前要充分依托农村地区信息进村入户工程，利用互联网电商平台，促进农产品"线上线下"产运销联动发展，带动农村生产方式升级换代。通过推进"快递下乡"等工程，完善农村快递揽收配送网点建设，利用交通基础设施将村委会、农家店、新农村电子商务服务站点、供销超市以及村邮站等公共服务平台有效串联起来，形成现代化的"电商 + 交通"高效平台，进而推动产业的发展。

五 吸引劳动力回流，加强人才培养和技能培训

当前大仓村扶贫工作中面临的一大困境是年轻劳动力严重不足。尽管大仓村的劳动力总数比较高，但是愿意在家乡从事生产的人数却在逐年减少。尤其是年轻劳动力的外流现象非常严重。在我国当前的城乡二元经济结构下，城镇地区经过多年的城市化和工业化进程，其现代化程度和工业化程度都较高，交通、医疗、教育等基础设施较为齐全，收入较高，生产生活便利性也很强。而农村地区在发展程度、基础设施、经济来源等方面与城镇地区存在巨

大的差距。在城乡巨大差距的驱使下，大仓村有知识、有技能的青壮年劳动力大多离开家乡到城市发展，受教育层次相对较低但有体力的农村青壮年劳动力往往也选择离开土地，通过打工获得收入。同时，大仓村当前低效益、高成本的农业经营方式已经严重损害了农民对经营农业的前景预期，年轻人从思想观念上开始抵触农业生产经营。在农村劳动力减少的同时，农业从业人口老龄化现象也越来越严重，从事农业生产的多是年龄偏大的留守人口，很多人的年龄和身体条件已经不适合进行农业生产经营活动了。此外，这类农民往往不具备接受新鲜事物的能力，思想较为保守，对政策也缺乏敏感性，没有学习农业技术的能力。扶贫产业的发展依靠他们很难有效开展。长此以往，当前上马的扶贫项目将严重缺乏实施的主体，很难深入开展下去，后续的问题也难以解决。因此，针对当前大仓村劳动力不足的情况，要尽快采取措施吸引劳动力回流，支持有文化、有能力的年轻人回到农村，充分利用他们的新技术和新理念对扶贫开发注入活力。

在产业扶贫的过程中，种植技术的推广应用、产品精深加工和"互联网＋"与扶贫产业的深度融合都需要大量专业技术人才。而贫困户往往并不具备这种能力，这就需要当地政府的带动，为大仓村输入相应的技术。首先在精准扶贫的背景下，祥云县要加强与云南省农业科研院所和高校的合作，吸引农业科研人员到一线，将科研成果转化为现实的生产力。构建具有先进水平的农业生产专业人才和队伍，定期组织农业科技人员到大仓村去实地传授科学技术，发挥基层农业技术推广机构的作用，将农业科技直接应用到农业生产的第一线。同时从贫困户自身出发，把提高贫困户综合素质和科技水平放在突出位置，这就需要大力发展农村职业技术教育。一方面职业教育可以提高贫困户的文化素质，更好地理解扶贫产业发展带来的好处；另一方面也可以直接提高贫困户的科技素质，让贫困户更好地掌握产业发展的实用技术。

六　创新产业经营模式，带动贫困户脱贫

当前大仓村扶贫过程中面临的一个困境是产业发展带动力不足，其根本原因在于当前的经营模式下，贫困户自身缺乏抵御风险的能力，相关的技能掌握也相对不足，长期以来贫困户对扶贫产业的信息了解不足，逐渐丧失了前进的动力。而通过对土地资源进行集中整合来发展规模经营是大仓村精准扶贫可以重点考虑的一个方向。当前大仓村的贫困户虽然具有土地资源但并不具备开发的能力，因此可通过引进社会资本发展新型经营主体，依托技术的改进降低生产成本，从而提升产业发展的效益和效率。农业适度规模经营和发展新型农业经营主体都需要有效的土地流转。农地流转作为将土地这一生产要素重新有效配置的手段，对解决大仓村农村土地细碎化问题、提高土地利用效率、促进贫困户脱贫有着重要的作用。但当前一方面因为土地在某种程度上仍然承载了贫困户的生存保障功能，贫困户惜地心态明显，他们往往不愿意放弃土地，宁愿对

土地进行粗放经营甚至撂荒，也不愿进行流转；另一方面由于土地流转方面的政策法规不健全，因此当前大仓村的土地流转市场很不活跃，这在一定程度上制约了农业规模化经营的发展。当前大仓村已有的农业新型经营主体无论是数量上还是经营面积上都存在很大不足。已有的新型农业经营主体从事的也多是初级种植业，从事科技研发深度经营的较少，且普遍存在经营质量差、影响力小等问题。

在传统小农户生产模式下，农民对新品种、新技术的接受能力较差，对市场不够敏感，不能形成规模化经营。因此需要增加技术、资本等生产要素的投入，提高土地的产出率、资源的利用率和劳动的生产率。加快农业发展方式由粗放式经营向集约型、精细化转变，增强农业综合生产能力和可持续发展能力。因此，大仓村要鼓励采取转包、转让、出租、互换、入股等多种形式，提高土地流转的效率，推进发展农业规模经营。在适度规模经营的基础上，围绕大仓村的资源特点集中扶持发展一批新型农业经营主体，充分发挥新型农业经营主体的区域带动作用，形成产业带动、贫困户参与、共同受益的产业化经营模式，从而最终建设起以贫困户、龙头企业为基础，以合作社、各类经营性服务组织为支撑的新型产业发展经营体系，实现各个产业生产经营主体之间的相互融合与共同协作，把分散的资源集中起来，把产业引领到专业化、社会化的发展轨道上，着力提高生产的效率和质量。同时，引导贫困户依法依规利用专项扶贫资金采取入股分红、寄养托管、农户代养、联营合作等方式参与龙头企业、专业合作社生产经营和产业开发，依法签订保底收益、利益共享、风险共担的合作协议，有效降低贫困户种养殖技术风险和市场风险，带动贫困户实现长期的脱贫。

参考文献

李培林、魏后凯、吴国宝：《中国扶贫开发报告（2017）》，社会科学文献出版社，2017。

郭俊华、赵培：《西北地区易地移民搬迁扶贫——既有成效、现实难点与路径选择》，《西北农林科技大学学报》（社会科学版）2019年第4期。

熊升银、王学义：《易地扶贫搬迁政策实施效果测度及影响因素分析》，《统计与决策》2019年第7期。

黎红梅、田松鹤：《易地扶贫搬迁农户承包地处置方式选择及其影响因素——基于湖南省搬迁农户调查》，《吉首大学学报》（社会科学版）2019年第1期。

翟绍果、张星、周清旭：《易地扶贫搬迁的政策演进与创新路径》，《西北农林科技大学学报》（社会科学版）2019年第1期。

李聪、刘若鸿、许晏君：《易地扶贫搬迁、生计资本与农户收入不平等——来自陕南的证据》，《农业技术经济》2019年第7期。

胡继亮、张天祐、辛晓晨、肖庆兰：《收入识别与长期多维贫困：基于中国家庭追踪调查数据的实证分析》，《经济问题》2019年第8期。

汪姣:《乡村振兴战略下的民族地区旅游可持续扶贫研究》,《农业经济》2018 年第 8 期。

马流辉:《易地扶贫搬迁的"城市迷思"及其理论检视》,《学习与实践》2018 年第 8 期。

马晓河、方松海、赵苹:《脱贫减贫政策效果的评价与思考——基于河南 A 贫困县和陕西 B 非贫困县的观察》,《宏观经济研究》2019 年第 7 期。

吴本健、葛宇航、马九杰:《精准扶贫时期财政扶贫与金融扶贫的绩效比较——基于扶贫对象贫困程度差异和多维贫困的视角》,《中国农村经济》2019 年第 7 期。

刘伟、徐洁、黎洁:《易地扶贫搬迁目标农户的识别》,《中南财经政法大学学报》2018 年第 3 期。

耿敬杰、汪军民:《易地扶贫搬迁与宅基地有偿退出协同推进机制研究》,《云南社会科学》2018 年第 2 期。

吴新叶、牛晨光:《易地扶贫搬迁安置社区的紧张与化解》,《华南农业大学学报》(社会科学版)2018 年第 2 期。

徐锡广、申鹏:《易地扶贫搬迁移民的可持续性生计研究——基于贵州省的调查分析》,《贵州财经大学学报》2018 年第 2 期。

吕建兴、曾小溪、汪三贵:《扶持政策、社会融入与易地扶贫搬迁户的返迁意愿——基于 5 省 10 县 530 户易地扶贫搬迁的证据》,《南京农业大学学报》(社会科学版)2019 年第 8 期。

王振振、王立剑:《精准扶贫可以提升农村贫困户可持续生计吗?——基于陕西省 70 个县(区)的调查》,《农业经济问题》2019 年第 2 期。

刘明月、冯晓龙、汪三贵:《易地扶贫搬迁农户的贫困脆弱性研究》,《农村经济》2017 年第 3 期。

殷浩栋、王瑜、汪三贵:《易地扶贫搬迁户的识别:多维贫困测度及分解》,《中国人口·资源与环境》2017 年第 11 期。

李宇军、张继焦:《易地扶贫搬迁必须发挥受扶主体的能动性——基于贵州黔西南州的调查及思考》,《中南民族大学学报》(人文社会科学版) 2017 年第 5 期。

王宏新、付甜、张文杰:《中国易地扶贫搬迁政策的演进特征——基于政策文本量化分析》,《国家行政学院学报》2017 年第 3 期。

任远、施闻:《农村外出劳动力回流迁移的影响因素和回流效应》,《人口研究》2017 年第 2 期。

周恩宇、卯丹:《易地扶贫搬迁的实践及其后果——一项社会文化转型视角的分析》,《中国农业大学学报》(社会科学版) 2017 年第 2 期。

陈胜东、蔡静远、廖文梅:《易地扶贫搬迁对农户减贫效应实证分析——基于赣南原中央苏区农户的调研》,《农林经济管理学报》2016 年第 6 期。

汪磊、汪霞:《易地扶贫搬迁前后农户生计资本演化及其对增收的贡献度分析——基于贵州省的调查研究》,《探索》2016 年第 6 期。

刘伟、黎洁、李聪、李树苗:《移民搬迁农户的贫困类型及影响因素分析——基于陕南安康的抽样调查》,《中南财经政法大学学报》2015 年第 6 期。

张全红、周强:《中国贫困测度的多维方法和实证应用》,

《中国软科学》2015 年第 7 期。

Acupan A., Agbola F. W., Mahmood A.,Does Microfinance Reduce Poverty? New Evidence from Northeastern Mindanao, the Philippines, *Journal of Rural Studies*,2016.

Li X., Gan C., Hu B.,Accessibility to Microcredit by Chinese Rural Households,*Journal of Asian Economics*, 2011(3).

Mosley P.,Microfinance and Poverty in Bolivia, *Journal of Development Studies*, 2001(4).

Gou C., Luo X., Zhu N.,Income Growth, Inequality and Poverty Reduction: A Case Study of Eight Provinces in China, *China Economic Review*,2008(3).

后　记

　　祥云县是个环境优美且菌子、核桃、冬桃等资源丰富的地方，这里的贫困原因主要在于其位于偏远的山区，交通不便、信息闭塞、自然条件恶劣、土地分散、村民收入低、农户文化水平低等。精准扶贫项目实施以后，大仓村的面貌让人眼前一亮，觉得完全不是贫困村该有的样子。驱车从村庄地头经过时，农田里种植的多是冬桃和套种的辣椒，每走一段路就会看到路旁的一处蓄水井。大仓村是个缺水的地方，这些蓄水井用来收集雨水、储存和灌溉。到了产业建设集中点，一眼望去，被产业大棚覆盖了视野。从县城到镇上再到大仓村的柏油路直通大仓村村民家门口，改变了其交通落后、信息闭塞的状况；每走一段路

大仓村远景

就会有一台垃圾车,村里的道路十分整洁。主干道上村民的房屋外墙均标有文明宣传语,大仓村的村容村貌有了较大改善;易地搬迁集中安置点的村民已经搬进了新居,新居里配备了污水循环处理装置——中国罐和三个分类垃圾桶,以倡导村民文明的生活方式。大仓村在精准扶贫中做了较大的努力,跟村里张贴的精准扶贫项目实施前的村容村貌相比,贫困户、非贫困户的生活状况得到了较大的改善。但是在做问卷调查时,一些状况依然需要注意。无论是建档立卡户还是非贫困户,他们的文化水平较低,许多人还不会写自己的名字。他们的理解、认知、判断能力较弱,更别说对自己人生和命运的选择。大仓村实行的教育扶贫政策,更多的是使青少年受教育权利得到保障,而对中老年人的教育扶贫政策难以实施;被访问的村民中妇女和老人比较多,这部分群体的生存状况大多是在家种地看孩子,在访问中能感受到他们的朴实无华和安贫乐道,可是也能感受到他们对大山外面的世界的好奇,这从侧面说明他们与外界仍有一定程度的隔绝;同时,大仓村的土地规模小并且较为分散,在村里务农的村民很多仍然难以从土地上获得较高的收入,大多村民的农业生产主要还是为了满足自家的温饱。国家的精准扶贫政策更多的还是一种由上而下的物质给予,许多村民的精神状态并未在根本上得到改变。应该十分珍惜村民的朴实无华、容易满足和安贫乐道的生活态度,可是也应该使他们认识到过一种更有尊严的生活的重要性,要抓住政府和社会各界的关心和帮助这双有力的大手,促使他们自身积极奋进，这样才能从贫困的泥潭里脱身，创造幸福的生活。思想意识和价值观的部分是最难以改变的，这也给脱贫攻坚带来了挑战。

课题调研过程中，得到了祥云县委县政府、扶贫办、大仓村"两委"班子的大力支持，在此一并表示感谢。

祥云县精准扶贫调研课题组

2019 年 8 月

后记

159

图书在版编目(CIP)数据

精准扶贫精准脱贫百村调研. 大仓村卷：凝心聚力
决胜脱贫攻坚战 / 王昌海, 刘德钦著. -- 北京：社会
科学文献出版社, 2020.6
  ISBN 978-7-5201-3925-0

  Ⅰ. ①精… Ⅱ. ①王… ②刘… Ⅲ. ①农村-扶贫-
调查报告-祥云县 Ⅳ. ①F323.8

  中国版本图书馆CIP数据核字（2018）第261508号

· 精准扶贫精准脱贫百村调研丛书 ·

精准扶贫精准脱贫百村调研 · 大仓村卷
　　——凝心聚力决胜脱贫攻坚战

著　　者 / 王昌海　刘德钦

出 版 人 / 谢寿光
组稿编辑 / 邓泳红　陈　颖
责任编辑 / 张　媛

出　　版 / 社会科学文献出版社·皮书出版分社（010）59367127
　　　　　　地址：北京市北三环中路甲29号院华龙大厦　邮编：100029
　　　　　　网址：www.ssap.com.cn
发　　行 / 市场营销中心（010）59367081　59367083
印　　装 / 三河市尚艺印装有限公司

规　　格 / 开　本：787mm×1092mm 1/16
　　　　　　印　张：11　字　数：109千字
版　　次 / 2020年6月第1版　2020年6月第1次印刷
书　　号 / ISBN 978-7-5201-3925-0
定　　价 / 59.00元

本书如有印装质量问题，请与读者服务中心（010-59367028）联系